아리랑의 파랑새

아리랑의 파랑새
アリランの青い鳥
ⓒ 遠藤公男 1984(初版), 2013(改訂版)

ARIRANG NO AOI TORI by KIMIO ENDO
Copyright ⓒ 1984, 2013 by Kimio Endo
Korean Translation Copyright ⓒ 2017 by Cup&Cap Books

펴낸날 | 2017년 8월 25일 초판 1쇄
지은이 | 엔도 키미오 遠藤公男
옮긴이 | 정유진, 이은옥
펴낸이 | 이주희
꾸민이 | 강대현

펴낸곳 | 컵앤캡(Cup&Cap)
주소 | 12148 경기도 남양주시 호평로 9 2402-203
전화 | 031) 516-1605 | 팩스 031) 624-4605
이메일 | cupncap@hanmail.net
등록 | 제399-2015-000015호(2015년 5월 29일)

※ 이 책은 한국출판문화산업진흥원의 출판콘텐츠 창작자금을 지원받아 제작되었습니다.
※ 이 책의 한국어판 인세는 저자와의 협의에 따라 전액 (사)한국범보전기금에 기부되어 멸종 위기의 한국 호랑이와 표범의 보전과 복원을 위해 쓰입니다.

ISBN 979-11-955628-4-8 43910

이 도서의 국립중앙도서관 출판시도서목록(CIP)은 서지정보유통지원시스템(http://seoji.nl.go.kr)과 국가자료공동목록시스템(http://www.nl.go.kr/kolisnet)에서 이용하실 수 있습니다. (CIP제어번호: 2017020483)

아리랑의 파랑새

조류학자 원홍구·원병오 부자 이야기

엔도 키미오 지음 | 정유진·이은옥 옮김

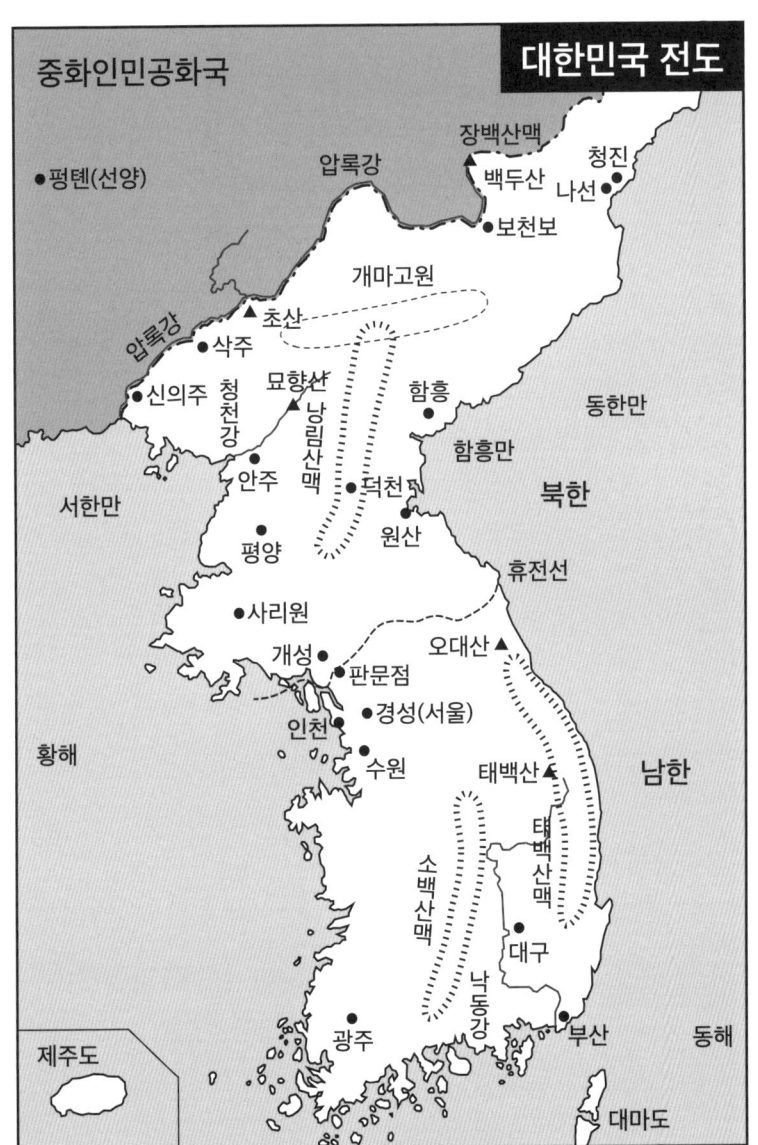

차례

제1장 식민지의 비애

물새의 낙원 **8** | 형제의 나라 **12** | 국제조류보호회의 **15**
가족을 데리고 안주로 **21** | 역사 깊은 도시 **26** | 힘내요! 원 선생 **35**
늑대가 나타났다? **40** | 금눈쇠올빼미 **44** | 도쿄 수학여행 **52**
항일 운동 **59**

제2장 강요된 일본어

마라톤 금메달과 동메달 **64** | 황국신민 맹세 **70** | 일본 신사 참배 **76**
일본어를 모르는 어머니 **79** | 경찰서장의 작은 새 **86** | 땅을 빼앗기고 **91**
창씨개명 **95**

제3장 독립의 꿈

여학교의 교장이 되다 **100** | 북방쇠찌르레기의 번식 **107** | 인내 **112**
헌병 대령의 협박 **116** | 모국어는 더러운 것인가 **120** | 독립 만세 **125**
총에 맞은 병수 **130** | 가짜 김일성 **133**

제4장 **한국전쟁**

미국과 소련의 대립 **140** | 김일성의 야망 **144** | 인천상륙작전 **150**
부모님의 피난처로 **153** | 중공군의 참전 **156** | 평양을 떠나는 형제 **158**
원폭 투하의 공포 **163** | 혜경은 어디에 **170**

제5장 **행복의 파랑새**

길 잃은 한국의 자연 **176** | 야생동물 보호가 시급한 이유 **180**
평생의 인연 **185** | 북방쇠찌르레기의 가락지 **189**
다섯 아이를 모두 잃고 **193** | 부자를 이어준 철새 **198**
누구를 위한 아리랑인가 **204**

작가 후기 **209**
편집자 후기 **213**
편집자 주 **219**

제1장
:

식민지의 비애

물새의 낙원

낙동강 하구는 기러기와 오리, 고니, 두루미의 낙원으로 불린다.
한반도의 동부, 경상도를 따라 부산까지 흐르는 낙동강을 보며 내가 오랫동안 대륙의 강[1]이라는 것을 동경해 왔다는 사실이 떠올랐다.

물가에는 누렇게 시들어가는 갈대밭이 끝없이 펼쳐져 있었다. 얕은 바다에 깔린 납빛 진흙은 일본에 있는 아리아케 해有明海[2]를 떠올리게 하지만, 이곳은 그곳처럼 콘크리트와 공장 굴뚝이 보이지 않는다. 대신 저 멀리 흰 바위가 늘어서 있고 산기슭에 작은 민가들이 흩어져 있을 뿐이다.

1977년 1월, 나는 경희대학교에서 동물학을 가르치고 있는 한국의 조류학자 원병오 교수의 안내로 낙동강 하구를 방문했다. 검은 코트를 입고 목에 쌍안경을 멘 그는 마치 바다처럼 보이는 하구를 바라보며 눈을 가늘게 떴다.

"여기는 시베리아와 중국 북동지역에서 번식한 새들이 겨울을 나기 위해 오는 곳입니다. 아시아에서 가장 큰 철새 도래지예요."

원 교수가 유창한 일본어로 말했다.

"이곳이 원앙사촌을 채집한 곳입니다."

전 세계에 표본이 단 세 개뿐인 원앙사촌[3])은 애석하게도 이미 멸종했다. 원앙사촌 수컷은 왕관처럼 생긴 짙은 녹색 머리깃에 흰 무늬가 있는 날개를 가진 새였다.

1917년에 일본의 조류학자인 구로다 나가미치黒田長礼[4]) 박사는 부산의 박제 가게에서 아직 세계에 알려진 적이 없는 암컷 오리 하나를 발견했다. 박사는 후에 군산에서 포획한 수컷의 표본과 함께 원앙사촌이란 이름으로 세계에 선보였다.

구로다 박사가 발견한 원앙사촌 한 쌍의 표본은 일본의 야마시나조류연구소山階鳥類研究所에서 보관 중이고, 훨씬 이전에 블라디보스토크에서 채집된 암컷 표본은 덴마크의 박물관에 있다.

"어딘가에 살아 있지 않을까요?"

"아마 없을 겁니다. 저도 여기저기 찾아보았지만 반세기 정도 원앙사촌에 대한 정보를 전혀 찾을 수가 없더라고요. 그 대신 이곳에는 삼천 마리가 넘는 혹부리오리가 찾아오고 있죠."

원병오 교수는 자랑스럽게 말했다.

혹부리오리는 원앙사촌처럼 장식깃은 없지만 그에 가까운 종류로, 아리아케 해에도 적은 수가 건너오곤 한다. 혹부리오리를 본 적이 없던 나는 기대에 부풀어 가슴이 두근거렸다.

모터가 달린 작은 보트에 오르자, 초록빛을 머금은 맑은 물이 찰싹찰싹 밀려 왔다. 우리는 갈대숲에서 바다로 배를 돌렸다. 뱃머리에서 갑자기 100여 마리의 새들이 법석거리는 것이 보였다.

"보세요, 혹부리오리예요."
내가 보고 싶어 했던 물새는 일찌감치 모습을 드러냈다. 새가 50여 미터를 날아오르더니 다시 물에 내려앉는다. 뱃머리 앞을 날아다니는 게 마치 우리를 인도하는 것 같았다.
"멋진 광경이죠?"
"정말 아름다운 새들이군요."
머리부터 목까지는 짙은 녹색 광택이고 흰 몸체에는 어깨와 가슴부분을 둘러싸는 적갈색 띠가 보였다. 부리는 선명한 붉은색인데 수컷은 거위처럼 부리에 혹이 있었다.
갈댓잎 그늘 사이에서 큰고니들이 긴 목을 쭉 뻗었다. 발 밑 언저리에는 청둥오리와 쇠오리가 노닐고, 물 위에는 흰죽지와 검은머리흰죽지가 크게 무리를 지었다. 강가에서 도요새 떼가 날아올라 한 덩어리가 되는가 싶더니 급히 방향을 바꿨다. 도요새 무리는 반짝반짝 빛을 내며 멀어져 갔다.
"일본에서는 이 정도의 무리를 보기 힘들지요? 한국도 이제 철새가 이만큼 모이는 곳은 여기뿐입니다."
하구에는 물길이 여러 군데 있어서 마치 미로처럼 얽혀 있었다. 선주가 노를 저을 때마다 새로운 새들이 나타났다. 바다와의 경계 즈음하여 기다란 섬이 나타나자 상공에 커다란 날개를 가진 새가 매끄럽게 스쳐 지나갔다.
"엔도 씨, 저기 독수리가 있어요!"

큰 동물의 사체를 먹고 사는 대형 맹금류인 독수리는 몽골과 중앙아시아에서 번식하며 겨울을 나기 위해 한국을 찾는다. 이곳은 독수리에게 근사한 낙원인 것이다.

철새를 위해 하구 일대는 천연기념물[5)]로 지정되어 있었다. 그러나 동물보다 인간을 중요시 하는 정치가들이 많아지면서 개발을 강요당하고 있는 실정이었다. 환경에 대한 개념이 희박한 사람들 사이에서 원 교수는 힘들게 낙동강 하구를 지켜 왔다.

북한 출신인 그는 어려운 환경을 딛고 성공한 학자로 북방 출신답게 피부가 희고 다부진 체격의 소유자였다. 진귀한 새를 발견했을 때에는 어린아이처럼 떠들며 좋아하는, 어딘가 천진난만한 구석이 있는 사람이다.

"엔도 씨, 기러기 떼가 날고 있어요. 앗, 두루미다! 재두루미 무리까지! 우와……."

일본 규슈로 건너가는 중인지 푸르스름한 하늘 저편으로 열세 마리의 두루미가 기다란 선을 그리며 날아가고 있었다.

"훌륭하군, 훌륭해……."

원 교수가 조용히 읊조렸다. 다른 말이 나오지 않을 만큼 감동했는지 계속 훌륭하다는 말을 반복했다.

형제의 나라

마을 사람들 수십 명을 태운 배가 상류를 향해 나아가고 있었다. 옷차림은 한국인인데 얼굴 생김새는 일본인과 똑 닮아 보였다.

낙동강은 예로부터 한반도의 중부를 연결하는 중요한 물길이었다. 4세기 무렵 일본과 한반도를 오가던 사절들은 당시 선진국이었던 이곳에서 일본으로 여러 가지 문물을 전달할 때 낙동강을 이용했었다. 많은 사람들이 바다를 건너 일본이 한 나라로서의 기틀을 다질 수 있도록 도움을 주는 통로였던 것이다.

그런 의미를 생각하니 낙동강의 풍경이 더욱 가슴에 사무쳤다. 이곳은 단순한 철새의 보고를 넘어 일본과 한반도를 잇는 동맥의 하나였다. 천년도 더 먼 옛날, 목숨을 걸고 배에 올랐던 사람들을 생각해 본다. 그들은 새로운 문화를 전달한다는 기쁨에 차올라 바다를 건넜을 것이다.

그러나 일본은 이 나라에 무참한 일을 저질렀다.

19세기 유럽의 강대국들은 아시아와 아프리카를 무력으로 정복하였고, 그로 인해 부강한 나라를 건설할 수 있었다. 그것을 본 일본 메이지 시대의 지도자들은 그 흉내를 내고자 하였다.

청일전쟁, 러일전쟁은 조선의 지배권을 둘러싼 일본과 청나라,

그리고 일본과 러시아의 싸움이었다. 두 전쟁에서 승리한 일본은 조선의 외교권을 가로채고 군대를 주둔시켜 보호국으로 삼았다. 조선에 들어온 일본의 초대 통감은 이토 히로부미伊藤博文였다.

이러한 일본의 침략을 당시의 조선은 막을 길이 없었다. 그래도 가만히 있을 수 없어 세계에 호소해 보기도 하고, 때로는 무기를 들고 싸웠지만 역부족이었다.

모두들 절망하고 있을 때, 천주교 신자인 안중근이 만주 하얼빈 역에서 이토 히로부미를 사살했다. 일본의 천 엔짜리 지폐[6]에 메이지 시대 위인으로 도안된 이토 히로부미는 조선을 침략한 악인이었던 것이다. 그가 죽었어도 일본의 침략은 멈추지 않았다.

1910년, 결국 일본은 반대하는 사람들을 군대로 억누르고 조선을 강제 합병했다.

"한국 황제 폐하는 한국 전체에 관한 일체의 통치권을 완전하고도 영구히 일본 황제 폐하에게 양여한다."[7]

조약이 발표되자, 조선의 백성들은 땅을 치며 통곡했다. 그리고 일본은 수렁의 시대로 들어서게 된다.

커다란 돛을 크게 부풀린 채 지나가는 배의 바닥에는 재첩이 쌓여 있었다.

우리는 작은 섬에 배를 대고 언덕에 올랐다. 갈대숲의 물이 얼 정도로 추운 날씨여서 마른 풀을 모아 모닥불을 피웠다. 주변에 걸터앉아 몸을 녹이고 있으니 선주가 배에서 지은 따뜻한 밥을 건네

주었다. 장어와 달걀을 빨간 고추로 조린 반찬이었다.

"우와, 매워!"

한 입 맛을 보자 맵다는 말이 절로 나왔다.

"그렇게 맵나요?"

원 교수는 내가 매워서 얼얼해 하는 걸 재미있다는 듯이 바라보다가 빨간 장어를 한입에 먹어 치우고는 눈을 동그랗게 떴다.

"하나도 안 매운데요."

원 교수가 입 주변을 손으로 훔치며 말했다.

외국 여행은 피곤했지만 오랜 시간 알고 지낸 원 교수와 함께여서 안심이 되었다. 그와 처음 만난 것이 이십 대 후반이니 둘의 인연도 벌써 스무 해가 되었다.

국제조류보호회의

1960년 5월, 도쿄에서 제12회 국제조류보호회의가 열렸다. 환경 및 야생 조류의 보호를 위한 국제회의가 아시아에서 개최된 것은 처음이었다.

빈곤한 나라들은 야생동물 보호에 대한 관심이 낮아, 동물들이 멸종되어 가도 제대로 대처하지 못하는 경우가 많았다. 이번 회의에는 동남아시아에서 6개국이나 참가했고 한국도 처음으로 대표를 보냈다. 나는 아마도 연로한 학자가 참가하겠거니 하고 생각했다.

예상과 달리 한국에서는 농사원[8]의 젊은 기사인 원병오가 대표로 참가했다. 그는 중앙임업시험장[9]에서 일하며 야생동물의 연구와 보호에 힘쓰고 있는 학자였다.

원병오가 서울에서 보낸 편지에는 도쿄에서 만나자는 내용이 적혀 있었다. 우리는 몇 년 전부터 연락을 하며 연구자료를 주고받는 사이였다.

그 즈음, 나는 이와테 현岩手県의 소학교에서 교사로 일하며 포유류를 공부하고 있었다. 가끔 도쿄의 국립과학박물관을 방문한 적이 있어서 그곳을 약속 장소로 잡았다.

국제회의 직전 한국에서 학생 데모가 일어나 이승만 정권이 무너졌다. 이로 인해 이승만은 하와이로 망명했고, 서울에서는 총격전이 벌어져 사상자까지 나왔다. 나는 원병오가 걱정되었으나 그는 무사히 일본에 도착했다.

박물관을 방문했더니, 나에게 가르침을 주었던 이마이즈미 요시노리今泉吉典 선생님도 함께 원병오를 만나고 싶다는 의사를 전해 왔다. 이리오모테삵[10)]의 발견으로 유명한 이마이즈미 선생님은 당시 사십 대의 나이에도 불구하고 일본을 대표하는 동물학자였다. 국제회의장에 있는 원병오와 통화를 했다.

"엔도 선생님? 저 원병오입니다."

신주쿠 역에서 기다리고 있으니 누군가 다가와 미소 지으며 나의 손을 잡았다. 넓은 이마와 발그레한 뺨, 사물을 꿰뚫어보는 듯한 눈을 가진 사람이었다. 서글서글한 입매에 붙임성 있는 분위기였다. 키는 나와 비슷한 170센티미터 가량이었다.

우리 셋은 신주쿠의 중화요리점에서 건배를 했다. 원병오의 능숙한 일본어에 감탄하자, 중학교 삼 학년까지 일본의 교육을 받았다며 웃었다. 나이를 계산해 보니 나보다 세 살 위였다. 음식이 나와 맥주를 마시다가 이마이즈미 선생님이 원병오에게 물었다.

"예전에 당신과 같은 성을 가진 원홍구라는 학자가 있었는데, 어떻게 지내는지 혹시 모르십니까?"

조선의 새와 포유류에 관한 논문에서 자주 보이는 열성적인 연구자의 이름이었다.

"그 분은 저의 부친 되십니다."

원병오가 눈을 감았다 뜨며 대답했다.

원홍구와 원병오, 두 사람은 한국전쟁으로 인해 남북으로 갈리며 생이별을 했다. 원병오의 얼굴에 문득 쓸쓸함이 어렸다. 38도선 부근을 경계로 두 개의 나라가 된 한반도는 오가는 것은 고사하고 편지 교환조차 불가능했다.

"그 후로 십 년이 지났지만 양친의 소식은 전혀 듣지 못했습니다. 저뿐만 아니라 한국의 이산가족이 오백만, 아니 천만 명은 될 거라고 하더군요."

원병오가 애써 밝게 말하는 것처럼 보였다.

"전쟁이 나고 저는 남쪽으로 도망쳤습니다. 간신히 말이죠……."

그리고는 입을 다물어 이야기가 중단되었다. 왠지 모르게 더 이상 물어봐선 안될 것 같은 분위기였다.

다른 화제를 생각하는 동안 이마이즈미 선생님이 말을 꺼냈다. 선생님은 북한의 나남에서 어린 시절을 보낸 분이었다. 눈 내린 어느 아침, 마을 거리에 표범 한 마리가 지나간 발자국이 남아 있었다고 한다. 그 말에 깜짝 놀랐지만 화제는 호랑이로 옮겨 갔다.

"한국의 호랑이는 전부 멸종했습니다. 가끔 호랑이가 나왔다고 신문에서 떠들썩하지만 전부 뜬소문이죠. 북쪽의 장백산맥에는 아직 남아 있지 않을까요? 그러고 보니 전쟁이 일어나기 얼마 전에 평양으로 실려 왔던 호랑이가 장백산맥의 초산에서 잡힌 거라고 했습니다. 초산은 압록강을 끼고 있는 중국에 가까운 시골이거든요."

"그 호랑이는 어떻게 됐나요?"

"제 큰형님이 박제로 만들어서 김일성대학의 표본실에 전시했었는데 전쟁 중에 불타버렸을 겁니다. 측정 기록도 남아있지 않고요."

"어떻게 잡은 겁니까?"

"글쎄요, 함정을 이용하지 않았을까요? 우리나라에서는 대부분 그런 식으로 잡거든요. 아, 목에 큰 상처가 있었습니다. 함정에 빠진 걸 창으로 찌른 자국이겠지요."

대륙의 호쾌한 이야기가 탄식을 자아냈다.

"커다란 수컷이었는데 허벅지가 사람 허리만큼 굵었어요. 옛말에 호걸이 호랑이를 잡는다지만 그걸 보니 절대 불가능할 거라는 생각이 들더군요."

"……"

"늑대요? 아직 남아 있긴 하지만 수가 적습니다. 전쟁으로 인해 국토가 황폐해지면서 사람들이 늑대고 뭐고 보이는 대로 잡아들인 데다가 미군들도 반 장난으로 쏴 죽여서 두루미도 고니도 더 이상 찾아오지 않게 되었지요. 이번 회의에서 한국 야생동물의 감소 현황에 대해 보고했습니다. 각국의 학자들이 걱정하더군요."

이야기를 나누어 보니 원병오라는 사람은 꾸밈없고 딱 부러지는 성격의 인물이라는 것을 알 수 있었다. 그는 야생 조류의 보호에 대해 선진국으로부터 배워야 한다고 주장했다.

평안도 안주 시절의 원홍구 일가. 왼쪽부터 원홍구와 장남 병휘와 넷째 병일, 원홍구의 처 최원숙과 둘째 병수, 막내 병오, 셋째 혜경이다. 오른쪽의 아이를 안은 여자는 이웃이고 그 옆의 여자는 원홍구의 집안일을 돕던 사람이다.

식사가 거의 끝나갈 무렵, 원병오는 야마시나조류연구소에서 받은 알루미늄 재질의 조류 인식 가락지에 대해 이야기하며 귀국해서 시험해 볼 일이 기대된다고 했다.

전쟁으로 인해 가족들과 헤어졌음에도, 필사적으로 야생 조류 연구와 보호에 몰두하는 원병오의 모습이 내 마음을 사로잡았다. 나중에라도 그동안의 이야기를 들을 수 있기를 바라며 헤어졌다.

결국 십 수 년이 지난 후에야 대학교수로 있는 원병오를 찾아가 과거에 대해 들을 수 있었다.

원병오의 양친이 사랑하는 다섯 아이를 모두 잃게 된 이야기는 한국의 슬픈 현대사를 고스란히 담고 있었다. 나는 한반도에 이러한 비극이 아직도 계속되고 있다는 것을 일본은 물론 전 세계의 사람들이 알아야 한다고 생각하게 되었다.

가족을 데리고 안주로

원병오는 1929년 한반도 중부에 위치한 개성에서 다섯 명의 형제 중 막내로 태어났다.[1] 조선이 일본에게 강제 합병된 지 20년 가까이 지난 때였다.

원병오의 아버지 원홍구는 1888년 평안북도 삭주의 시골에서 태어났다. 그는 가고시마농림고등학교鹿児島高等農林学校의 첫 유학생이었다. 평화로운 시골 마을이었던 가고시마는 사람들 대부분이 친절했다. 유학길에 오를 당시 히라가나와 한자는 읽을 수 있어도 회화에 서툴렀던 원홍구는, 열성적인 교사를 만난 덕에 삼 년 만에 일본어에 능숙해질 수 있었다. 그렇게 여러 선생님들에게 칭찬받으며 열심히 공부한 뒤 부푼 가슴을 안고 귀국했다.

원홍구는 곧바로 유학시절에 배운 것을 바탕으로 개성의 사립중학교 생물 교사가 되었다. 조국의 아이들을 가르친다는 것은 무엇보다 기쁜 일이었다. 그로부터 20년, 교직에 머물면서 독학으로 동식물을 공부했고 그 중에서도 특히 야생 조류의 연구에 열정적인 교사가 되어 일본조류학회의 회원이 되기도 했다.

원병오가 태어나고 두 해가 지나서 그의 아버지는 생각지도 못하게 안주공립농업학교로 전근을 하게 되었다. 안주는 평안남도 안주군의 중심지였지만 개성에서 북쪽으로 200킬로미터나 떨어진 변방이었다. 누구라도 불편한 고장으로의 전임은 편치 않을 것이다. 안주에서 다시 120킬로미터 정도 북쪽으로 이동하면 국경인 압록강이었다. 그 너머 중국 동북부에는 일본 관동군이 자리잡고 있어서 불온한 기운이 감돌았다.

"안주라니, 중국에서 전쟁이라도 나면 위험하지 않을까요?"

원홍구의 부인 최원숙崔元淑은 전쟁의 불길에 휘말리지 않을까 걱정했다. 아버지는 그저 한숨만 쉴 뿐이었다.

"일본 사람이 많은 곳인가요?"

"글쎄…… 잘 모르겠어."

일본어를 잘 모르는 농가 출신의 최원숙은 일본 상점 이용을 꺼려했다. 그동안 살던 개성은 국내에서도 특히 반일 감정이 높은 곳이라 일본인 상점은 한 곳도 없었다.

"이거 곤란하게 됐군. 아이들도 아직 어린데……."

유학지였던 일본에 대해 고마움을 느꼈지만 해가 갈수록 고압적인 태도를 보이는 조선총독부 때문에 원홍구는 매우 불안했다. 조선을 지배하기 위해 일본이 만든 조선총독부는 서울 종로에 대리석으로 세운 거대한 석조 건물이었다. 그곳은 조선 사람들의 한이 서린 곳이었다.

조선을 통치하는 최고책임자에는 일본 육해군의 장성급들이 조선총독이라는 이름으로 자리에 올랐다. 국토 전역을 군대로 억압하고 헌병과 경찰을 지휘하는 그들은, 조선인에게 선거권은 물론 언론과 집회의 자유마저 없앴다. 또한 관공서에는 조선인 공무원 위에 일본인을 두어 권력을 행사했다.

"성당은 있나요?"

최원숙이 물었다. 기독교 신자인 두 사람에게 성당은 마음의 버팀목이나 마찬가지였다.

"우리말을 하는 다른 선생님은요?"

"없는 것 같아."

"그럼 당신뿐이라고요? 혼자서 괜찮겠어요?"

작고 다부진 체격의 원홍구가 이런 저런 고민 끝에 중얼거렸다.

"어쩔 수 없지……. 안주로 갑시다."

막내에게 젖을 물리던 부인이 깊은 한숨을 쉬었다. 전근을 가기 싫으면 학교를 그만둬야 했기 때문에 다른 선택이 없었다.

4월의 초입, 이른 아침에 온 가족은 짐을 정리해 북쪽으로 향하는 열차에 올랐다.

아시아 대륙의 동부에 위치한 한반도는 북쪽의 압록강과 두만강을 경계로 국경의 대부분이 중국에 접하고, 끝부분은 러시아와 맞닿아 있다.

최고봉인 해발 2744미터의 백두산에서 동해안을 따라 험한 산줄기가 남하하며 몇 개의 산맥으로 갈라져 서해로 뻗어 나간다. 큰 강이 남서쪽이나 남쪽으로 흐르기 때문에 하류의 평야는 곡창지대를 이루고 있다. 남부지방은 농업이 번성했고 북쪽은 광물 자원이 많아 공업이 발달했다.

　한반도의 남단에 위치한 부산에서 시작해 서울, 평양을 지나 국경 근처의 신의주까지 한반도를 종단하는 간선 철도는 압록강을 건너 중국 동북부와 이어지는 국제적인 규모의 열차였다.

　열차 안에는 흰 한복을 입은 사람들 사이로 일본인이 섞여 있었다. 일본인 중 거만한 사람은 험한 일을 저지르는 경우도 있어 조심스러운 분위기였다. 술 취한 일본 군인이 조선인에게 칼을 휘두르며 내리라고 위협했다는 소문을 들은 적이 있었다.

　원홍구의 가족들은 일본어를 쓰는 무리에게서 시선을 돌렸다. 아직 아기였던 병오를 어머니가 안고, 여섯 살 위인 혜경이 그 곁에 바짝 붙었다. 병오보다 세 살 많은 병일은 아버지와 함께였다. 키가 큰 스무 살 장남 병휘와 열다섯 살 차남 병수는 통로 쪽을 향해 앉아 가족들을 지키듯이 자리를 잡았다.

　열차의 동쪽 창문으로 산수화 같은 풍경이 지나갔다. 멀리 마식령과 낭림산맥이 어른거렸다. 어머니는 그림 같은 경치를 보며 중얼거렸다.

　"이렇게 아름다운 우리나라가 어째서 일본에게……"

　한반도의 산들은 나무보다 바위가 많은 편이다. 녹색으로 물든 일본의 산이 여성적인데 반해, 흰 암석이 층을 이룬 한국의 산들은 남성적이고 호탕한 느낌이다.

서쪽 창문으로는 평야가 펼쳐져 있었다. 둥그런 초가지붕에 토담을 쌓은 마을이 옆으로 스쳐 지나갔다. 땅이 아직 얼어 있어서 논밭을 일구는 광경은 볼 수 없었다. 거름이라도 나르는 건지 달구지가 느릿느릿 움직이고 있었다.

아버지는 창문 밖을 바라보며 그저 새만 찾고 있을 따름이었다. 북으로 돌아가는 기러기나 두루미 무리라도 발견하면 몸을 앞으로 내밀고 가족들에게 손가락으로 가리키며 알려주었다.

"안주에는 어떤 새가 있으려나……."

원홍구는 살짝 미소 지었다. 그에게 있어 새에 관한 것은 무엇보다 즐거운 일이었다.

역사 깊은 도시

개성에서 다섯 시간, 평양에서 70킬로미터의 긴 여정에 지친 병오가 칭얼거리기 시작할 무렵 열차는 겨우 신안주에 도착했다. 도시 중앙에 청천강이 흐르는 이곳은 중국 국경에서 120킬로미터 떨어져 있고 서한만에 접하며 안주평야가 펼쳐져 있다.

원홍구와 가족들은 신안주에서 작은 경전철로 갈아탔다. 시골풍의 흰 옷을 입은 손님들이 점점 많아지더니 사투리 억양의 말들이 들려 왔다. 경전철은 20분 정도를 더 가서야 안주에 도착했다. 춥고 쓸쓸한 벌판에 위치한 역에는 버드나무 가로수가 이른 봄바람에 흔들리고 있었다.

열너덧 명의 사람들에 이어 원홍구의 가족이 내렸다. 개찰구에 마중 나온 박선일朴先日이라는 젊은이가 농업학교의 관리인이라며 본인을 소개했다. 스탠드칼라 옷을 입은 박 씨는 도착한 부부를 보고 살짝 놀라는 눈치였다.

약간 살집이 있는 원홍구와 포동포동한 그의 부인 둘 다 둥그스름한 얼굴에 온화하고 상냥해 보이는 분위기가 매우 닮았기 때문이었다.

"아이고, 맘씨 좋아 보이는 선생님께서 오셨네요."

박 씨가 웃으며 말했다.

역에 도착한 이삿짐에서 꺼내달라고 짖는 개 울음소리가 울려 퍼졌다. 병휘가 이동용 상자의 문을 여니 짙은 갈색의 커다란 사냥개가 헐레벌떡 뛰쳐나왔다. 사냥개는 가족들을 한 명 한 명 확인하며 뛰어다녔다.

"엘로 좀 잡으렴."

아버지의 말에 병휘가 목걸이를 끌어다 줄을 채웠다.

"자, 그럼 안내하겠습니다."

작은 체구를 가진 박 씨가 앞장서자 가족들이 뒤따라 역을 나왔다. 길 양 옆으로 버드나무가 삼백여 미터 정도 줄지어 있고, 정면에는 만리장성처럼 보이는 성벽이 늘어서 있었다.

"저기가 안주군요."

"네, 부인. 성벽 안쪽이 마을이에요."

원홍구 일가는 기대와 불안이 섞인 눈빛으로 성벽을 바라보며 멈춰 섰다. 귀를 늘어뜨린 커다란 개는 달리고 싶어서 목줄을 팽팽하게 당겼다.

성벽 서쪽 위로 큰 건물이 보였다. 묵직하고 오래된 기와지붕 위에서 갈까마귀가 우짖고 그 위로 독수리 한 마리가 높게 날며 원을 그리고 있었다. 원홍구가 전임된 농업학교는 그 방향이라고 했다.

'이곳에는 어떤 운명이 기다리고 있을까? 신이시여, 부디 다섯 아이와 저희 부부를 지켜 주소서.'

원홍구는 가슴에 십자가를 그으며 기도했다.

"원 선생님, 달구지를 빌려올게요."

"고맙습니다."

역전 광장에서 관리인 박 씨가 손을 들자, 때가 탄 옷을 입은 남자가 야위어 보이는 갈색 소를 끌고 왔다. 호리호리해 보이는 서른 살의 남자는 부석부석한 얼굴에 눈이 작고, 턱에 염소수염을 기르고 있었다.

학교에서 마련해준 집까지는 걸어서 40분쯤 걸린다고 하여, 부인과 어린 아이들이 짐과 함께 달구지에 올랐다.

빨간 코트와 털모자를 쓴 일곱 살 혜경은 아버지의 손을 잡고 걸었다.

"준비됐나요? 출발합니다. 이랴!"

소몰이꾼이 힘껏 외쳤지만 소는 허리와 목을 빼고 버티며 움직이지 않았다. 원홍구는 왜 이렇게 마른 소를 데려온 것인지 당황스러웠다.

"워워, 워. 이랴, 이랴."

남자는 노련하지 못했다. 그가 어설프게 고삐를 잡아당기며 버드나무 가지로 두어 번 채찍질을 하자 그제야 소가 발걸음을 옮기기 시작했다.

"선생님, 안주도 꽤 괜찮은 곳이랍니다."

남자가 말을 건넸다.

"쌀이 많이 나서 살기 편하죠. 맛난 냉면을 만드는 메밀 명산지이기도 하고, 과일도 많아요. 요즘은 갈치가 제철입니다."

원홍구는 안심이 되어 고개를 끄덕였다.

얼어붙었던 길이 녹기 시작해 아이와 아버지는 물이 고인 곳을 피해 다녀야 했다.

"안주는 역사가 깊은 도시예요. 저 성벽은 천 년도 넘은 건데, 고구려 시대에 마을을 보호하기 위해 만든 겁니다. 수나라니, 당나라니 하는 다른 나라들의 공격이 끊이질 않았거든요. 뭐, 지금은 일본 놈들한테 먹혀 버리긴 했지만……."

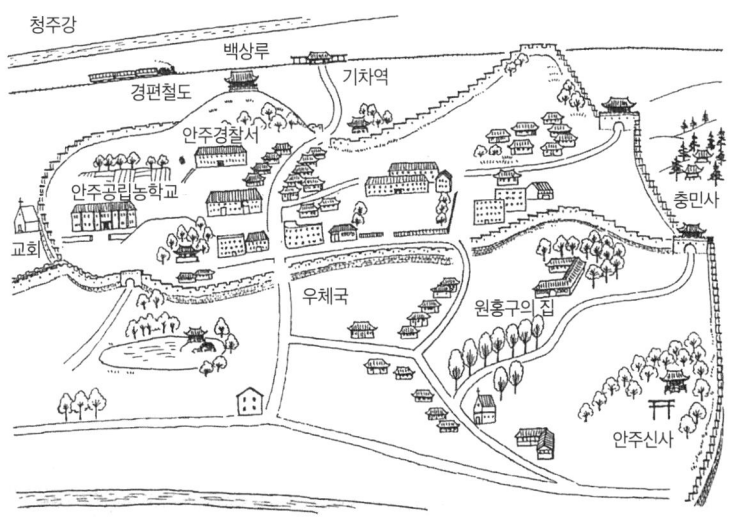

원홍구 일가가 살던 안주의 마을

성벽은 큰 타원형의 이중 구조로 되어 있고 총 길이는 20킬로미터에 이르렀다. 중심부는 내성, 바깥쪽은 외성이라 부르고 있었다. 동서남북에 문이 있어서 밤에는 문을 닫아 도적의 침입을 막아 왔다.

"역사적인 건물도 꽤 있어요. 성벽 위쪽으로 크게 솟아 있는 건물이 보이죠? 백상루[12]라는 팔백 년 된 건물인데, 연회를 열던 곳이었어요. 저기에서 보면 경치가 굉장해요."

오후 햇살에 기왓장이 반짝거리고 있었다.

"칠불사[13], 칠성지[14], 거기에 충민사[15]까지……. 멋진 곳들이 잔뜩 있죠."

원홍구는 청산유수처럼 이어지는 남자의 설명에 감탄했다.

"실례지만, 예전부터 소몰이를 하셨던 분입니까?"

"이 분은 제 은사님이어요."

옆에 있던 박 씨가 머뭇거리며 대답했다.

"안주 충민사 관리인 이수일李秀逸의 손자, 이수만李秀萬이라고 합니다. 작년까지 소학교에서 교사 생활을 했지요."

그가 턱수염을 훑었다. 앞니가 하나 비어 있는 것이 보였다.

"선생님께서 왜 소몰이를 하고 계시는 겁니까?"

그 물음에 이수만은 자조하는 듯한 웃음을 지으며 버드나무 채찍을 목에 대었다.

"일본인 교사들이 바다 건너 왔으니, 나더러는 선생을 그만두라

하더군요."

원홍구와 그의 부인은 숨을 죽였다.

조선에 있는 학교의 교사들은 점차 일본인으로 바뀌어 가고 있었다.

"뭐, 운이 나쁘기도 했어요. 광주에서 학생독립운동이 일어났는데 거기에 연관됐다고 의심을 해서요."

그는 목을 움츠렸다.

이 년 전, 광주에서 양국의 학생들이 충돌하는 큰 사건이 일어났다. 통학 열차에서 일본인 남학생이 조선인 여학생을 희롱한 일이 발단이 되어 그동안 쌓였던 학생들의 분노가 폭발했고, 거기에 시민들이 합세하여 일대의 독립운동으로 확대된 일이었다.[16]

경찰과 군대의 탄압에도 불구하고 독립만세를 외치는 소리는 각지로 번져나갔다. 때문에 휴교하는 학교가 전국적으로 발생하게 되었는데, 안주농업학교도 그 중 하나였다. 이는 소학교 학생까지 참가했던 시위운동이었다. 주모자는 퇴학당했고 이수만은 시위를 부추긴 것 아니냐는 의심을 사서 경찰에게 조사를 받았다. 그 과정에서 자백을 강요당하며 얻어맞은 탓에 앞니가 부러진 것이었다.

"아이고 저런……."

원홍구의 탄식 소리와 함께 어머니가 눈물을 흘렸다.

"토지는 빼앗기고, 직장도 잃고, 마지막 월급으로 산 소는 이 모양이고……. 이 녀석 아무래도 병에 걸린 것 같아요. 이랴!"

그는 비슬거리는 소에게 말을 걸며 고삐를 당겼다. 젊은 관리인 박 씨가 이수만을 걱정스러운 눈빛으로 쳐다보았다. 박 씨는 실직한 은사가 걱정돼 짐 옮기는 일이나마 알아봐 준 것으로 보였다.

"혹시 일본 상점이 많은가요?"

달구지에 있던 어머니가 계속 궁금해 하던 것을 물었다.

"많죠. 정신 차리지 않으면 등골까지 빨릴 겁니다. 게다가 일본인 전용 학교까지 있거든요."

그가 성벽 쪽을 가리키며 말했다. 원홍구는 다른 화제를 꺼냈다.

"새나 짐승은 많이 있습니까?"

"꿩이 엄청나죠. 그러고 보니 좋은 사냥개를 갖고 계시는군요. 많이 잡힐 겁니다. 여긴 철새가 지나가는 길이니까요. 두루미, 고니, 기러기 무리가 날아와서 가끔은 하늘이 새까맣게 되기도 하는걸요."

"늑대는요?"

"늑대 말인가요? 겨울이 되면 산에서 가끔 내려옵니다. 달밤에 울기도 하고요. 성벽 위에서 '아우—'하면서요."

어머니가 몸서리치며 아이를 끌어안았다. 장남과 차남은 엘로와 함께 앞서 걸으며 가끔씩 뒤를 돌아보았다.

"사람들은 어떤가요?"

"제가 안주 토박이인데, 느긋하니 다들 좋은 사람들이죠. 저처럼요."

이수만이 곁눈질을 하면서 웃었다.

박 씨는 뭔가 말하고 싶은 태도로 웃고 있었다. 원홍구는 기분이 한결 나아졌다. 달구지를 끄는 이수만도 좋은 사람 같았다.

내일조차 예측할 수 없는 시대였기에 원홍구 역시 한발 차이로 이수만처럼 될 수도 있었다. 일본에 대해 조금이라도 비판하거나 나쁜 말을 입 밖에 내면 위험한 일이 생기곤 했다.

역 앞의 버드나무 가로수는 성벽을 부수며 내성 쪽으로 자라고 있었다. 기와지붕이 늘어서 있는 번화한 거리는 경찰서가 보이면서 큰길이 시작되었다. 우체국, 소학교, 상점들이 보였다. 달구지가 오가고, 중국인이 경영하는 포장마차도 있었다. 어머니가 걱정했던 일본인 상점도 있는지 일본어 간판이 보였다.

지붕 너머로 성당 첨탑을 발견한 어머니가 생긋 웃으며 아버지에게 손짓했다. 법원과 군청 앞도 지나갔다. 안주는 평안남도에서도 평양과 진남포에 이어 세 번째로 큰 도시였다.

길이 동쪽으로 꺾이더니 돌로 만들어진 거대한 동문을 향해 뻗어나갔다. 고개를 들어 올려다봐야 하는 성벽이 양쪽으로 높게 솟아 있었는데 여기저기 부서진 곳이 보였다. 오래된 민가의 토담과 기와지붕이 계속되는 곳에서 마늘 내음이 퍼지고 있었다.

거리를 배회하던 개들이 엘로를 보고 으르렁거리자 아이들이 쫓아버렸다. 동문을 나서면 외성 즉, 교외였다. 긴 담장을 돌자 고급 저택들이 이어지다가 뽕나무밭과 사과밭을 지나면서 인가가 뜸해졌다. 삼 킬로미터쯤 왔을까, 완만한 오르막길을 오르며 소가 좌우로 고개를 흔들었다.

"저 집이에요."

포플러 나무 너머로 나지막한 보루가 있고, 그 주변에 지붕이 비뚜름한 빈 집이 보였다.

엘로가 갑자기 달려 나가는 바람에 목줄을 놓친 아이들이 소리쳤다.

"엘로, 기다려!"

하지만 밤색 털을 가진 아름다운 개는 밭을 넘어 앞마당으로 뛰어 들어갔다. 요란한 날개소리와 함께 꿩이 날아올랐다. 다섯, 여섯……, 일곱 마리.

"이거, 맘에 드는 곳이군."

원홍구는 미소를 짓고 그의 부인은 인상을 찌푸렸다.

"아이고, 귀신이라도 나올 것 같은 집이네요."

마당 가운데에 우물이 있는 'ㄷ'자 형태의 집은 마치 버려진 것처럼 기울어져 있었다. 집 뒤쪽으로 늙은 밤나무가 가지를 펼친 채 늘어서 있었다.

힘내요! 원 선생

안주공립농업학교는 안주 내성에서 서쪽의 완만한 언덕 위에 자리 잡고 있었다. 붉은 벽돌로 지어진 근대적인 건물의 지붕 위에는 네모난 굴뚝이 연이어 보였다. 교정의 북쪽에 옛 성벽이 버티고 있고, 뒤로 오래된 가로수들이 솟아 있었다. 그 끝 너머에 푸르스름한 지붕의 백상루가 보였다.

찬바람이 가시지 않은 안주평야에는 아직도 수많은 종달새들이 지저귀고 있었다. 은방울이 한꺼번에 울리는 듯한 그 소리가 원홍구에게는 힘내라는 응원의 말로 들렸다.

5년제인 농업학교의 학생 수는 250명이었다. 인구 2만의 안주군에서 하나밖에 없는 조선인 중학교였고 입학률은 2.5대 1이었다. 조선인들이 지식에 눈뜨는 것을 두려워한 총독부에서는 고등교육을 받기 어렵도록 만들었다.

부임하게 된 날, 원홍구는 심호흡을 크게 하고 학생들이 기다리는 강당으로 들어갔다.

"겐 코우큐元洪九 선생님이십니다. 생물 담당이고, 새 연구를 좋아한다고 하십니다."

뚱뚱한 일본인 교장이 간단하게 소개했다.

"게, 게, 겐이라고 합니다. 개, 개성의 송도중학교에서 왔습니다. 잘 부탁합니다."

원홍구는 일본식 이름으로 자신을 소개했다. 전에 일했던 학교에서는 선생님들 대부분이 조선인이어서 '원 선생'으로 불렸었다.

그는 마음의 동요를 숨기며 단상에서 걸어 내려와 나란히 서 있는 일본인 선생님들을 향해 허리 숙여 인사했다. 그리고 머리를 들다가 깜짝 놀라고 말았다. 검정색 학생복을 입은 소년들이 깊은 존경과 기대를 품은 시선으로 그를 쳐다보고 있었기 때문이었다. 학생들에게 있어 원홍구는 열세 명의 교사 중에서 단 한 명뿐인 같은 조선인이었다.

부임식이 끝나고 교무실에 들어서자 교장이 말을 걸었다

"겐 선생, 거처는 어떻습니까?"

"위치가 참 마음에 들었습니다. 집은 조금 수리하면 괜찮을 것 같아요."

"그거 잘됐군요. 좀처럼 제대로 된 집이 없어서 찾느라 애를 먹었거든요."

교장은 조용한 사람이었다. 다른 선생님들도 생글거리며 웃는 표정이었다.

그때부터 산성 근처에서는 끊임없이 쇠망치 소리가 울려 퍼졌다. 원홍구가 스스로 집을 고치기 시작한 것이다. 차남은 개성에 남아 중학교를 다니고 있었지만, 장남인 병휘는 재수를 하던 중이라 함께 일을 도왔다. 썩은 기둥을 갈아치우고 짚으로 된 지붕을 슬레이트로 교체했다. 일손이 필요할 때에는 충민사의 이수만에게 도와달라고 부탁했다. 충민사는 원홍구의 집 뒷산 쪽에 있었지만 성벽이 무너진 곳을 지름길 삼아 이용하면 의외로 가까웠다.

"몰라보게 변했는데요."

이수만은 올 때마다 놀라워했다. 대문과 창문을 새로 달고 초벽질을 새로 하자 집이 훤해졌다. 그런데 이수만을 보니 기운이 빠진 모양새였다. 얼굴빛도 영 신통치 않았다.

"소가 비틀대기만 하고 힘을 하나도 못써요. 저는 지금 제자 덕분에 겨우 먹고 사는 형편인데……."

그는 띄엄띄엄 자신의 처지에 대해 — 아내가 유산을 하면서 저세상으로 떠난 일, 관공서가 충민사 관리 급여를 떼어먹은 일 등 — 이야기했다.

연로한 부모님까지 모시느라 생활이 어려운 이수만은 평양 근처에서 일하는 동생에게 도움을 요청했지만 어렵다는 대답만 돌아왔다고 한다. 제철소 근로자인 동생 또한 삼 개월째 총파업이 계속되고 있던 터였다. 일본인과 똑같이 일하면서 보수는 삼분의 일밖에 되지 않았기 때문이다.

"그래서 동생에게 손을 벌릴 수도 없고요. 일본은 경기가 좋다니까 삼 년 정도 일하러 가 볼까 하는데……. 괜찮을까요, 선생님?"

원홍구는 고개를 저었다. 이수만은 손발이 작고 체격이 왜소했다.

"차라리 안주에서 열심히 일하는 편이 나을 거요, 이 군. 일본에 가봤자 험한 중노동이나 하게 될 테니."

"그렇군요."

성벽 위에 충민사의 소나무 가지 끝이 보였다. 푸른빛의 날개를 퍼덕이며 파랑새가 '겟, 게겟'하고 울면서 날아다니고 있었다. 아버지의 뒤를 이어 역사가 숨 쉬는 충민사를 지키는 것이 꿈이었던 이수만은 그것이 여의치 않게 되자 힘이 빠진 것 같았다.

원홍구는 집수리가 어느 정도 마무리 되자 밭을 정비했다. 요새의 흔적인 봉화대와 망루의 아래쪽이 황폐한 상태여서 그곳을 정리해 씨를 뿌렸다. 사과나무와 배나무도 심었다.

1931년 9월, 국경 너머 중국 동북부에는 옥수수가 결실을 맺고 수수가 여물어갔다. 귀뚜라미가 우는 어둑한 밤에 펑톈奉天[17] 북쪽에 있는 류탸오후柳条湖에서 누군가가 철도를 폭파시켰다. 만주에 주둔하던 일본 관동군[18]은 중국군에 의한 공격이라 단정 짓고, 전쟁을 시작했다. 만주사변滿洲事變[19]이었다.

원홍구 부부는 불안한 마음을 억누르며 뉴스를 들었다. 관동군이 순식간에 중국 동북부 이곳 저곳을 점령했고, 안주에 있던 일본군은 전투에 이겼다며 떠들썩거렸다. 농업학교에도 섬뜩한 미소를 지으며 기회를 엿보는 젊은 교사가 있었다.

"아주 재미있어, 피가 끓어오른단 말이지."

일본인 교사는 일장기를 앞세우고 진격하는 일본군을 굳게 신뢰

하는 듯했다. 대륙이야말로 일본의 신천지가 될 거라는 부추김에 넘어가 바다를 건너온 사람들이었다.

만주사변이 일어나고 며칠이 지난 어느 밤, 사람들의 눈을 피해 이수만이 찾아왔다.

"원 선생님, 유조호柳条湖를 폭파한 게 관동군이라는 말이 계속 퍼지고 있어요. 상대방한테 뒤집어 씌워서 싸움을 걸어오는 게 딱 왜놈들 수법이죠."

원홍구도 고개를 끄덕였다.

"앞으로 어떻게 될까요, 선생님?"

"큰 전쟁으로 번지지 않으면 좋을 텐데……. 일본도 설마 그 정도로 바보는 아니겠지."

하지만 이것이 15년 동안 계속되는 중일전쟁의 시작이었다. 관동군은 중국 동북부를 넓게 점령하고 만주국이라는 괴뢰 정부를 세워 식민지로 삼았다.

늑대가 나타났다?

10월이 되자 아침저녁으로 기온이 떨어지더니 안주에도 새하얀 서리가 내렸다. 병오의 집도 저녁에는 온돌방에 불을 때기 시작했다.

방바닥은 기름종이가 발라져 있어서 매끈매끈했다. 바닥에 깔린 얇은 이불에 작은 남자아이 둘이 곤히 잠들어 있었다. 바닥의 따뜻한 열기는 아침까지 이어졌다.

저녁 식사 후 정리가 끝나면 어머니는 바느질을 시작했고, 둥근 안경을 낀 아버지는 책상을 마주하고 앉았다. 아마도 새에 관한 책이었을 것이다.

"큰오빠가 없으니까 심심해."

혜경이 어머니에게 말을 걸었다. 장남인 병휘는 동생에게 식료품을 전달하기 위해 개성으로 떠난 상태였다. 머리를 땋아 내리고 귀여운 잠옷으로 갈아입은 혜경이 화장실에 가려다 멈춰 섰다.

"어머, 이게 무슨 소리지? 뭐가 울고 있어요."

혜경은 창 밖에서 들리는 섬뜩한 소리에 신경이 곤두섰다.

어머니도 귀를 모았다.

"정말이네. 뒷산에서……. 여보, 저게 무슨 소리죠?"

"음? 어딘가에서 개라도 짖나 보지."

아우―! 우―!

오오―!

"그게 아닌 것 같아요!"

"쉿, 조용히……."

아버지가 일어나 창문의 커튼을 열었다.

오오―!

"불 꺼!"

아버지의 뒷모습에 심상치 않은 기운이 감돌았다. 어두운 창문 너머를 응시하자 무너진 성채에 희미한 달빛이 어렸다. 헐벗은 커다란 밤나무가 팔을 벌린 채, 요새를 지키던 옛 병사처럼 정연하게 서 있었다.

우우!

"늑대다, 엘로가 위험해!"

아버지가 당황해서 허둥지둥 문으로 향했다. 아궁이 근처에서 졸던 갈색 사냥개가 몸을 둥글게 말고 천진난만하게 꼬리를 흔들었다.

"엘로, 어서 이리 와!"

아버지는 잠에 취한 개를 데리고 현관 안으로 들어섰다. 혜경은 어머니에게 딱 달라붙어 있었다.

아오!

소리는 산성 너머, 뒷산 쪽으로 사라져 갔다.

"늑대였죠?"

"그런 것 같아."

"몇 마리나 있었어요?"

"글쎄……."

"봤어요?"

"아니."

겨울이 되면 늑대가 출몰한다던 충민사 이수만의 이야기가 떠올랐다.

"해가 지면 아이들이 나가지 못하게 해. 당신도 마찬가지고."

아버지는 인상을 굳히며 어머니에게 말했다. 늑대가 사람을 공격할지도 모를 일이었다.

"여기는 너무 위험한 곳이야……."

어머니가 몸서리쳤다.

다음 날 밤, 달은 아직도 어두웠다.

오오—!

섬뜩한 소리가 서쪽에서 울려 왔다. 늑대가 다시금 성벽 위에 나타난 것이다. 무엇을 노리고 있는 걸까? 아버지는 창문을 조금 열어 살펴보았다. 백여 미터 떨어진 거리의 성벽 밑에 어둑한 불빛이 켜진 두 채의 집이 보였다.

오—! 오오—!

소리가 북쪽으로 이동했다.

"빠르군……."

아버지는 소리가 나는 방향을 향해 손바닥을 쳐보았다. 박수소리가 성벽에 메아리치며 되돌아왔다.

오―!

"왔다!"

또 한 번 '짝짝'하고 손뼉을 쳤다.

오오―!

"그만해요, 여보!"

어머니가 아버지의 바지를 잡아당기며 만류했다.

소리로 보아 늑대는 밤나무 근처에 한 마리뿐인 것 같았다. 박수소리에 이끌려 다가온 것이다.

"늑대는 앙갚음을 하는 동물이니 장난치면 안 된다고 어른들이 자주 말씀하셨잖아요."

"왜 그래, 손뼉 좀 친 걸 가지고."

아버지가 다시 손을 올리자 그와 동시에 '캬아앙!'하고 소름 끼치는 비명소리가 근처에서 울려 퍼졌다.

"여보!"

어머니의 안색이 싹 변하더니, 아버지의 눈앞에서 문을 쾅 닫고는 열쇠까지 잠가 버렸다.

금눈쇠올빼미

다음 날 안주경찰서에 간 원홍구는 늑대가 나오니 밤에 엽총을 사용할 수 있게 해달라고 청원을 넣어 허가를 받았다.

원홍구는 늑대를 퇴치하겠다는 마음으로 엽총을 손에 들고 혼자 마을을 순찰하려고 집을 나섰다.

성터의 남쪽에는 늙은 소나무에 둘러싸인 충민사가 고즈넉하게 자리 잡고 있었다. 이곳은 삼백 년 전 만주족이 쳐들어왔을 때 성을 지키다 전사한 열여섯 명의 충신을 모시는 곳이었다. 오래된 기와지붕의 사당에 병사의 목상이 세워져 있었다.

안주 사람들은 해마다 봄과 가을에 이곳으로 모여 무사를 기원했다. 작은 공원 같은 충민사를 관공서에서도 관리를 두어 계속 지켜 왔다.

하지만 일본이 쳐들어오고, 점차 잊힌 충민사에는 불공을 드리러 오는 사람들마저 사라졌다. 문 앞에 있는 작은 관리의 집은 지붕이 부서지고 흙벽 여기저기가 무너져 있었다.

12월 5일 새벽, 멀리서 닭의 울음소리가 시간을 알려 왔다. 원홍구는 관리의 집 앞에서 발소리를 죽이고 있었다. 늑대가 이수만의 소를 잡아먹으러 올 거라고 생각한 그는 외양간을 맴돌았다. 그러나 바퀴 하나가 굴러다닐 뿐, 소의 모습은 보이지 않았다. 그 야윈 소가 어떻게 되기라도 한 걸까?

그때, 큰 소나무의 높은 곳에서부터 낯선 새가 날아오더니 늑대 소리를 내며 울어댔다.

오오—!

"이건…… 새잖아!"

원홍구의 눈이 휘둥그레졌다.

당황한 그가 총을 장전해 한 발 쏘았지만 빗나가고 말았다. 새는 직박구리와 비슷한 패턴을 그리며 날아갔다.

"거참, 무슨 새지?"

원홍구는 엽총을 내리며 고개를 갸웃거렸다.

총소리에 놀란 개들이 짖어대자 충민사의 관리인 이수일도 잠에서 깨어났다. 일흔이 넘은 노인은 흰 턱수염이 가슴까지 닿아 있었다.

"무슨 일인가, 선생?"

"이상한 새가 있어서요. 늑대 울음소리를 내는……."

"아, 그 새? 한밤중에 요상한 소리로 우는 녀석 말이지. 사람들도 그 녀석 때문에 골치가 아프다니까."

"……."

"그 놈 때문에 잠도 푹 못 들고, 여기저기 날아다니면서 기분 나쁜 소리로 울어대서 말이야."

"예전부터 있던 새인가요?"

"왜놈들이 들어오면서부터 시끄럽다네. 이 나무에 항상 두 마리가 있더라고."

이수일이 하얀 눈썹을 치켜 올리며 소나무를 쳐다보았다. 일본인들이 뒷산의 거목들을 베어내면서 이리로 이동해온 것 같다고 했다.

"제가 잡아도 될까요?"

"아무렴 되고 말고, 좀 처리해 주시구려."

그 길로 집에 돌아간 원홍구는 목격한 사실을 이야기했다.

"여보, 그건 새 울음 소리였어. 처음 보는 이상한 새야."

"늑대가 아니라 새라고요? 당신도 참, 총까지 들고 가서는."

어머니는 안도하며 웃음을 터뜨렸다. 늑대라고 지레짐작해서 허둥대던 아버지가 생각났는지 웃음을 멈추지 못했다. 원홍구가 겸연쩍은 표정을 지었다.

"미안, 늑대라고 생각했는데……."

"정말이지, 그럼 이젠 밤에 나가도 되겠네요?"

어머니가 웃는 것을 멈추며 눈물을 훔쳤다.

"그런데 무슨 새였어요?"

"모르겠어, 짐작도 안 가. 비둘기보다는 작고 직박구리보다는 크던데."

"늑대새 아닐까요?"

어머니가 다시 미소 지었다.

그 뒤로 원홍구는 어떻게든 수수께끼 새의 정체를 알고 싶어 뒤쫓기 시작했다. 하지만 경계가 심한 새는 접근을 허락하지 않았다. 사람의 그림자라도 보일라치면 무성한 소나무 사이로 몸을 숨겼다.

원홍구는 소나무 밑에 서서 돌로 나무를 툭툭 쳐보았다. 그러자 새가 백여 미터 날아올라 성벽 돌담에 올라앉았다. 생김새를 살펴보니 부엉이와 비슷했다. 가까이 다가가려 하자 새는 다시 소나무로 돌아갔다. 낮인데도 눈이 잘 보이는 것 같았다.

"올빼미 종류일지도 모르겠군."

원홍구는 일본조류도감을 펼쳐보았다. 조선의 올빼미는 여섯 종이 실려 있었다. 소쩍새, 큰소쩍새, 쇠부엉이, 칡부엉이, 올빼미, 수리부엉이가 있는데 이 새는 그 어떤 것에도 해당하지 않았다.

원홍구는 기운을 내서 수수께끼의 올빼미를 잡아 보기로 했다. 새를 쫓기 시작한지 일주일이 되던 날, 주변에 서리가 새하얗게 내린 아침이었다. 목표로 삼은 새 한 마리가 수풀이 무성한 소나무 높은 곳에 숨어드는 것이 보였다. 그는 관리에게 소나무 가지를 두들겨 달라 부탁하고 성벽 가까이에 몸을 숨겼다.

"새가 날아갔다!"

수수께끼의 새는 소리도 없이 날아와 성터의 돌 위에 사뿐히 내려앉고는 오도카니 서서 꼼짝도 하지 않았다. 둥근 머리에 커다란 금색 눈이 마주쳤다.

엽총을 손에 쥔 원홍구의 어깨가 떨려 왔다. 이렇게 가까이에서

본 것은 처음이었다.

 메마른 총성이 울려 퍼지고 원홍구는 급하게 뛰어 나갔다. 땅으로 떨어진 작은 올빼미는 하얀 서리에 뒤덮인 채였다. 금색의 눈은 점차 빛을 잃었다.

 "이런 새가 있었나."

 원홍구는 매우 놀랐다.

 총성을 들은 관리와 마을 사람들도 금세 모여들었다.

 "어디어디……. 이야, 요상한 새네."

 "이게 한밤중에 시끄럽게 울어댄 녀석인가? 무슨 새지?"

 그것은 땅딸막한 몸집을 가진 귀여운 올빼미였다. 살찐 찌르레기같이 보이는 새는 잿빛을 띤 갈색 바탕에 하얀 반점이 얼룩덜룩 퍼져 있고 발가락까지 털이 덮여 있었다.

 지금은 희귀한 새를 총으로 쏘는 것이 금지되어 있지만, 당시에는 직접 잡아서 조사하는 것이 통용되는 시절이었다. 원홍구는 보물을 발견한 것처럼 새를 품에 안고 돌아갔다.

 "여보, 여보!"

 그가 숨을 가쁘게 쉬며 불렀다.

 "늑대새를 잡았어! 눈동자가 금색이야, 금색!"

 "세상에나."

 "역시 올빼미의 일종이었어. 이것 봐, 우리나라에서 처음 발견된 거라고!"

"어머, 정말 귀엽네요. 혜경아, 병일아, 이리 와 보렴! 아버지가 신기한 새를 잡아오셨단다."

"여기, 날개는 잡아당기면 안 된다."

아이들에게 둘러싸인 원홍구는 기뻐서 어쩔 줄 몰랐다.

그는 농업학교 박물관에서 수수께끼의 올빼미를 신중하게 계측하고 박제로 만들었다. 암컷으로 판명된 새의 위장에서는 쥐의 뼈와 이빨 등이 나왔다.

닷새 후, 원홍구는 나머지 수컷 한 마리도 잡을 수 있었다. 그 후로 밤에 울려오던 소리는 사라졌다.

원홍구는 암컷 박제를 일본의 구로다 나가미치 박사에게 보내 감정을 부탁했다. 한 달의 시간이 흐르고 도쿄의 박사로부터 기쁨에 가득 찬 답장이 도착했다.

고킨메후쿠로コキンメフクロウ 유럽부터 중국동북부에 걸쳐 분포하는 새라고 했다. 금색의 눈을 한 작은 올빼미라는 의미였다. 원홍구는 그것을 '금눈쇠올빼미'라는 우리말로 바꿨다.

박물博物[20] 수업에서 원홍구는 금눈쇠올빼미에 대한 이야기를 풀어 놓았다. 아직 학교에서 한글을 사용할 수 있던 시기였다. 열정적으로 이야기하는 원홍구의 모습은 늘 한결같았다.

"우리나라에는 아직 알려지지 않은 희귀한 새가 있어요, 우리나라에 말이죠!"

원홍구는 자연과학의 귀중한 페이지를 기록하게 된 것이다. 이

금눈쇠올빼미 ⓒ 이용상

제는 도감에 실리는 것도 가능했다. 그는 일본조류학회에서 일본어로 논문을 발표하기도 했다.

"조선에 서식하는, 처음으로 발견된 금눈쇠올빼미에 대하여"[21]

그는 논문의 마지막에 이렇게 적었다.

"금눈쇠올빼미는 개성뿐만 아니라 안주에서도 드물다. 인근 주민의 말에 의하면, 새는 성벽의 북쪽 고목에 난 구멍을 둥지 삼아 5월 즈음 2개의 알을 낳고 품는다고 한다. 그것을 근처 아이들이 매년 가져갔는데, 어떤 아이는 알을 가지러 고목에 기어오르다 가지가 부러져 다친 적도 있다."

지금도 적은 수의 금눈쇠올빼미가 한국에서 번식하고 있다. 원홍구의 아들인 원병오는 1965년 서울 부근에서, 1968년에는 부산에서 표본을 손에 넣었다.

도쿄 수학여행

수수께끼 올빼미의 정체를 밝혀내고 한숨 돌린 원홍구는 짬을 내어 엘로와 함께 꿩잡이에 나섰다.

그 무렵에는 세련된 사냥복을 입고 분위기를 내거나 외국제 엽총을 어깨에 메고 사냥을 나가는 것이 영국 풍 신사의 취미처럼 알려져 있었다. 돈과 시간이 있는 자의 증표 같은 것이었다. 원홍구도 그런 것이었을까.

농업학교의 일본인 교사 중에도 취미로 사냥을 하는 사람들이 있었다. 원홍구는 그들과 동행하여 사냥에 나섰다. 안주평야 벌판에 잔뜩 서식하는 꿩은 일본의 것보다 조금 크고 목에는 흰 띠가 둘러져 있다.

꿩은 개가 없으면 사냥하기가 어려웠다. 그래서 교장을 포함한 선생님들은 원홍구와 함께 가길 원했다. 그의 사냥개가 꽤나 훌륭해 보였기 때문이다. 엘로는 꿩 냄새를 맡으며 찾아다니다가 바람이 부는 방향으로 뛰어가 덤불 앞에서 우뚝 멈춰 서고 엎드려서 살금살금 앞으로 다가갔다.

"기다려, 엘로."

원홍구가 천천히 다가갔다. 새는 마치 엘로에게 잡힌 것처럼 꼼

짝하지 않았다.

발판을 다진 원홍구는 총을 들고 말했다.

"좋았어!"

엘로가 달려들자 커다란 날갯짓 소리와 함께 꿩이 날아올랐다. 원홍구는 그 꿩을 깔끔한 솜씨로 처리했다. 구경하던 선생님들이 엘로를 보고 대단한 명견이라며 감탄했다.

원홍구는 사냥감을 짊어진 인부들과 함께 걸었다.

"그렇게 잡아서 다 먹을 수나 있겠어?"

엄청난 사냥감의 양에 질린 표정을 하는 사람도 있었다.

"꿩은 밭에 해로운 새니까요."

안경을 낀 원홍구가 눈웃음을 지으며 대답했다.

바람처럼 달리는 엘로와 함께 안주평야에서 꿩을 사냥하는 일은 원홍구에게 있어서 괴로운 나날을 잊게 만드는 놀이 같은 것이었을지도 모른다.

내가 서울에서 만난 안주농업학교의 졸업생 송정모宋貞模 씨는 원홍구의 사냥에 자주 따라가곤 했었다. 그가 말하길, 원홍구가 잡은 몇 백 마리의 꿩들은 집에서 요리하거나 충민사와 근처의 농가에 돌리기도 하고 대부분은 성당에 가져갔다고 한다.

"선생님께서는 그 꿩을 가난한 사람들에게 나누어 주셨어요. 그 이유가 아니더라도 모두들 선생님을 존경했습니다. 일본인들이 가득한 교직에서 오직 그 한 분만이 당당하게 선생님으로서 그들과 어깨를 나란히 하고 있었으니까요."

환갑을 넘긴 송 씨가 그리운 음성으로 이야기했다.

그러나 몇 번의 봄이 돌아오면서 안주공립농업학교에도 전쟁의 색이 짙어지고 있었다.

만주국이 된 중국 동북부에는 이익을 취하려는 많은 일본인들이 몰려들어오고 있었다. 당연히 중국의 대일감정은 악화되었다.

침략을 멈추고 군대를 물리라는 국제연맹의 권고에 불복한 일본은 1933년에 연맹을 탈퇴해 버렸다.

그 당시의 사진이 바다 건너에서 근무했던 한 일본인 교사의 앨범에 남아 있었다.

앨범 안에 있는 농업학교의 창립기념일 사진에는 정면의 단상 위에 일본인 교장이 서 있고 학생들이 바닥에 앉아 있었다. 양복 차림의 선생님들 사이에서 원홍구 단 한 사람만 한복을 입고 있었다.

통통한 둥근 얼굴에 동그란 안경을 쓰고 코 밑에는 수염이 나 있다. 머리는 짧게 자른 모양새였다. 빛바랜 사진이지만 온화하고 호방한 성격이 엿보였다.

다른 페이지에는 군사 교련을 받고 있는 소년들의 사진이 있었다. 일본군에 입대하길 강요당하는 소년들의 모습을 원홍구는 어떤 심정으로 지켜봤을까. 당시에는 반일사상을 가졌다는 이유만으로 퇴학당하는 학생도 있었다.

그런 시기에 공식적인 자리에서 한복을 차려 입은 원홍구의 모습은 마치 소년들을 말없이 격려하는 것처럼 보였다.

    일본은 침략을 멈춰라!
    일본인은 돌아가라!

  안주 성벽에 누군가가 이러한 글의 벽보를 붙이기도 하고, 항일 운동 소문도 끊이지 않던 시절이었다.
  국경 저편의 만주에서는 김일성이 항일 무장조직을 결성해 백두산을 넘어 전투를 시작했다.

    독립 만세!
    항일 만세!

  한글로 낙서처럼 써놓은 글귀는 예민한 소년들의 가슴에 불을 지폈다.
  "선전물이나 벽에 쓰인 저질 문구는 읽지 않도록. 해당되는 자는 퇴학 처분을 받을 수도 있다."
  학교 측에서는 소년들을 위협했다.
  이러한 움직임이 계속되던 중에 농업학교에서 일본으로 수학여행을 떠났다. 왕복 20일의 긴 여행이었다.
  부산항에서 연락선을 기다리는데 조선의 쌀과 콩이 산더미처럼 쌓여 실려 나가는 것이 보였다. 일본에 도착해 기차의 차창 밖으로 바라본 농촌은 조선과 별반 다르지 않았다. 그러나 안주를 떠나고 일주일, 빌딩들이 늘어선 도쿄를 본 소년들은 눈을 둥그렇게 떴다. 10만 명 이상이 죽어나간 관동대지진[22]이 있은 지 10여 년 정도인데, 이 같은 도쿄의 발전된 모습에 원홍구도 감탄할 수밖에 없었다.

메이지 신궁明治神宮[23]을 방문하고, 야스쿠니 신사靖国神社[24]로 향했다. 신사 입구에 세워진 큰 기둥 문인 오오토리이大鳥居를 지나, 본당 앞에 절을 하는 공간인 배전拜殿에서 양손을 마주치고 머리를 숙이는 일본식 절을 올렸다. 턱이 긴 일본인 교사가 훈시를 시작했다.

"머지않아 너희들도 대일본제국의 육군으로 지원하게 될 것이다. 군인이 되어 천황 폐하께 목숨을 바치도록 해라. 야스쿠니 신사에 묻히는 것만큼 명예로운 일도 없다. 알겠나?"

"네."하는 대답이 나왔지만 안주 학생 중에 그런 명예를 원하는 사람이 과연 있었을지 의문이다. 신사에는 일장기를 든 군인들이 줄지어 걸어 다니거나, 아버지 혹은 남편을 잃은 듯한 검은 상복의 여자들과 아이 일행이 많이 보였다.

원홍구는 50명 정도의 학생들을 데리고 세계적으로 유명한 학자, 구로다 나가미치 박사의 자택을 방문했다. 원홍구는 학생들에게 평화를 사랑하는 조류학자를 소개하고 싶었던 것 같다.

1976년, 나는 87세의 구로다 박사를 만나 원홍구에 대한 것을 물어 보았다. 박사는 다음과 같은 말을 남겼다.

구로다 나가미치(1889~1978) 박사와 원앙사촌 표본 (출처: The Oliver L. Austin Photographic Collection)

"원홍구 씨가 조선에서 많은 소년들을 데리고 제 저택을 방문했기에 현관 앞에서 사진을 찍었습니다. 소중하게 보관하고 있었는데 태평양전쟁 도쿄 공습이 있던 날에 집과 표본, 책과 함께 소실되었지요. 원앙사촌의 표본만은 특별히 지하실에 보관하고 있어서 화재를 면할 수 있었습니다. 원홍구 씨와 어떻게 알게 되었는지는 잘 기억이 나지 않아요. 온화한 인품인데다가 학문에 무척이나 흥미를 가진 사람이었습니다."

당시를 회상하며 원병오가 말했다.

"아버지는 도쿄 수학여행 때 구로다 박사님의 저택에 묵었어요. 원앙사촌을 포함한 여러 다양한 표본을 구경하고 큰 대접을 받았답니다. 목욕 온도는 어느 정도가 좋은지 묻는 가정부 때문에 곤란하셨다지만 꽤나 즐거우셨던 모양입니다. 목욕탕에서 갈팡질팡했던 일을 자주 얘기해 주셨거든요."

구로다 박사는 국경을 넘나드는 학자였다. 여관에 묵겠다는 조선의 친구를 자신의 집에 머물도록 권하고 밤이 새도록 새에 관한 이야기를 나누었다. 그리고 원앙사촌이 어서 빨리 발견되기를 기원해 주었다.

항일 운동

 수학여행에서 돌아온 원홍구가 표본실에 틀어박혀 작업을 하던 중에 관리인 박 씨가 방문했다.
 "충민사 이수만 선생님의 행방이 묘연해요. 벽에 글을 쓴 게 선생님 아니냐는 의심을 받았었는데 그 때문에 떠나신 것 같아요."
 "그게 언제지?"
 "열흘 정도 됐어요. 연로하신 양친을 두고 멀리 가진 않으셨겠지만 걱정이 되네요."

 일본의 형제들이여, 함께 싸우자!
 나쁜 것은 일본제국주의자들이다!

 그것은 외성으로 빠져나가는 동문 성벽에 쓰여 있던 글귀였다.
 "어디로 가신 거지?"
 "정말 너무합니다. 그렇게 성실하고 착한 선생님께서 이런 식으로……."
 박 씨는 눈물을 글썽였다. 그는 관리인으로 지내고 있었지만, 사실 항일 운동에 몸을 담고 있는 사람이었다. 그래서 원홍구도 몇 번인가 박 씨를 통해 독립운동을 하는 사람들에게 자금을 대기도 했다.

안주의 성터에 버드나무가 움트고 얼었던 땅이 녹자, 북방에 일제히 봄이 찾아오기 시작했다. 아카시아 향이 퍼지며 살구꽃과 사과꽃이 피어났다. 안주의 농부들은 소를 이끌고 성문을 나섰다. 밭을 갈아야 할 시기가 되었다.

안주농업학교도 바빠졌다. 오전에는 교실에서 이론 수업을 하고 오후에는 실습을 진행했다. 농업학교이기 때문에 논밭은 물론 포도와 사과나무가 있는 과수원에, 젖소와 돼지, 양까지 돌보고 있었다. 금눈쇠올빼미를 발견한 이후, 학교장은 원홍구의 의견을 받아들여 작은 박물관을 만들기로 했다. 박물관 일을 돕는 학생들은 실습을 면제받고 동물의 박제나 식물, 곤충의 표본 제작에 힘을 보탰다.

이리하여 1934년, 원홍구는 "조선 조류 목록"[25]을 발표하게 된다. 한반도에 어떤 야생 조류가 서식하고 있는지에 대한 기록이다.

신문에는 원홍구에 대해 조선의 뛰어난 조류학자라는 평판이 실렸다.

그 해 가을에 스탠드칼라 옷을 입은 박 씨가 어딘가에서 충민사 이수만의 전갈을 가져왔다.

"이 선생님은 만주로 가셨대요. 항일군의 군의관이 되었으니 부모님을 부탁한다고 쓰여 있더군요."

"항일군의 의사라……."

국경 너머로 흘러 들어간 수많은 조선인들은 농사를 지으면서 조국으로 되돌아갈 날만을 손꼽아 기다리고 있었다. 항일군의 일원이 되는 사람들이 늘어나자 일본군은 마을을 불태우고 주민을 몰아냈다.

원홍구는 숨을 죽이고 창문 밖을 바라보았다. 그의 시선이 닿는 곳에 묘향산이 웅대하게 자리 잡고 있었다. 깊숙한 곳에는 조선 최고봉인 백두산이 하얀 눈을 품고 있었다. 그리고 그 너머에 만주가 있었다.

제2장
⋮
강요된 일본어

마라톤 금메달과 동메달

병오가 철이 들 무렵, 집에는 누나 혜경과 세 살 터울의 형인 병일이 있었다. 둘은 소학교 학생이었다. 나이 차이가 많은 제일 위의 두 형은 집은 떠난 상태였다.

병오의 기억에 남아 있는 어린 시절은 어머니의 풀을 먹인 긴 치마폭에 감싸인 느낌이었다. 어머니는 왠지 모를 쓸쓸한 얼굴로 '아리랑'을 흥얼거리고 있었다.

아리랑 아리랑 아라리요, 아리랑 고개로 넘어간다.

그녀가 부르는 느릿느릿한 아리랑은 북쪽 고향의 오래된 곡이었다. 어머니는 개울가 근처에 앉아 설거지를 하거나 머리에 짐을 지고 걸어가면서 아리랑을 흥얼거렸다.

어머니 너머로 밀짚모자를 쓰고 밭에서 일하는 아버지가 보였다. 아버지는 아침저녁으로 밭일을 즐겼다. 밭 저편에 포도와 사과가 나는 과수원이 자리하고, 앵두나무 아래에는 딸기가 뒤덮여 있었다.

"전근 명령이 떨어졌을 때는 많이 걱정했는데 안주는 참 좋은 곳인 것 같아, 여보. 밭도 있는데 평생 여기서 살까?"

아버지는 해가 지는 농장을 바라보며 말했다.

하얀 저고리에 치마를 입은 어머니는 입을 다물고 있었다. 일본의 악행은 날이 갈수록 노골화되고 있었다. 가족의 평화가 언제까지 지속될지 그녀는 마음을 놓을 수가 없었다.

"여보, 병오에게도 일본어를 가르쳐야 할 텐데요. 내년에 입학하잖아요."

어머니가 말을 돌렸다.

"뭐, 아직은 괜찮겠지."

어머니의 눈이 향하는 곳에 막내아들이 있었다. 장난꾸러기지만 활발한 아이는 부러진 나뭇가지를 장난감 삼아 놀고 있었다. 바로 위의 형인 병일은 밖에 나가 놀라고 말해 봐도 늘 건성으로 대답했다. 그 아이는 몸이 약해서인지 집안에서 책만 파고들었다.

"호랑이다!"

막내아들이 소리쳤다.

갈색 도둑고양이가 집 뒤쪽으로 걸어가고 있었다. 아이는 나뭇가지를 손에 쥐고 쫓아갔다. 엉거주춤한 자세로 호랑이를 사냥할 모양이었다. 지붕 위에는 새빨간 고추들이 널려 있다.

"어훙!"

어디선가 목소리가 들렸다.

"호랑이가 나타났다!"

어머니가 겁먹은 흉내를 내자 아이가 화단의 꽃을 재치며 뒤에서 안겨 들었다.

"엄마!"

"아이고, 깜짝이야!"

장난을 치는 아이 주변으로 분홍, 하양 코스모스가 흐드러졌다. 봄에서 늦가을까지 집 주변이 꽃에 둘러싸이도록 아버지는 늘 화단을 가꾸었다.

머리 위로 비둘기 떼가 날아가고 있었다.

"아버지, 저 새는……. 아, 비둘기구나."

어머니를 붙잡고 손가락으로 새를 가리키며 말하는 아이를 보고 부모는 놀라고 말았다. 아이는 '비둘기'란 단어만 일본어로 말한 것이었다. 어디선가 주워들어 기억하고 있는 듯했다.

"이 아이는 분명 공부를 잘 할 거요. 가르치지도 않았는데 일본어를 하다니."

둘은 잠시 미소를 지었다.

일본어를 쓰도록 강요당하고 있던 시절이라 만약 제대로 구사하지 못할 경우 아이가 힘들어질 수도 있었다.

무너진 서쪽 성벽에서 한 무리의 비둘기가 날아올라 충민사를 향했다. 야생 비둘기는 성벽의 무너진 틈을 둥지 삼아 번식하고 있었다. 충민사의 소나무에는 또다시 작은 올빼미가 건너와 밤마다 재밌는 소리로 울어댔다.

1936년 8월, 베를린 올림픽의 마라톤에서 손기정 선수가 우승을 하고 남승룡 선수 역시 3위에 입상했다. 사람들은 라디오 뉴스로 소식을 듣고 만세를 외쳤고 크게 기뻐하며 길거리에서 춤을 추기도 했다.

농업학교에서도 뉴스를 들은 학생들이 속속 모여들었다. 여름 방학이라 학교에는 원홍구를 포함한 몇 안 되는 선생님들만 있었다.

"선생님, 우리나라 사람이 올림픽 마라톤에서 우승했대요."

"그게 정말이냐!"

"우리나라 만세예요, 만세!"

"세계 1위라니! 역시 우리나라다!"

기쁜 나머지 일본어에 우리말이 뒤섞여 나왔다.

"만세를 부르자! 만세, 만세!"

소년들은 원홍구와 얼싸안으며 기뻐했다. 늘 조심스럽게 행동했던 원홍구가 책상을 두드리며 신이 난 모습에 일본인 교사가 놀란 표정을 지었다.

조선인 주제에 건방지기는.
뭘 해도 조선인은 안 돼.
일본은 러시아와 중국의 침략으로부터 조선을 지켜주고
있는 거야.

1936년 독일 베를린에서 열린 36회 하계 올림픽 대회 마라톤 경기에서 2시간 29분 12초의 올림픽신기록을 세우며 결승선을 통과하는 손기정(1912~2002) 선수

일장기를 가슴에 달고 우승한 손기정 선수와 3위로 함께 시상대에 오른 남승룡(1912~2001) 두 선수의 표정은 어둡기만 하다.

    일본인 교사로부터 몇 번이나 들어온 말들이었다. 그 때마다 원홍구는 안경 속에서 눈을 끔벅이며 고개를 숙일 수밖에 없었다.
    하지만 기쁨도 잠시, 베를린 하늘에는 일장기가 올라갔고 시상식장에는 기미가요가 울려 퍼졌다. 춤을 추며 기뻐하던 사람들은 분해서 눈물을 흘렸다. 동아일보는 신문에 손기정 선수의 사진을 크게 실었다. 가슴의 일장기는 지운 채였다. 성난 조선총독부는 동아일보의 발행을 정지시켰다.[26]

황국신민 맹세

올림픽이 있던 다음 해에 병오가 안주의 소학교에 입학했다. 1학년에는 세 반이 배정되었는데 모두 60명씩 꽉꽉 들어찼다. 병오는 일본풍의 학생복을 입었지만, 친구들의 절반은 한복을 입고 있었다.

어머니와 비슷한 중년의 조선인 담임교사는 처음부터 일본어로만 수업을 진행했다. 병오는 어린 마음에도 이상하게 여겨졌다.

"학교에서는 왜 일본어만 쓰는 거예요?"

아들의 천진난만한 질문에 어머니는 가슴이 저몄다. 그렇지만 거듭 이야기했다.

"선생님이 하는 말은 뭐든지 잘 지키고 열심히 공부해야 돼."

병오는 누나와 형으로부터 들은 게 있어 일본어를 곧잘 하는 편이었다.

"차렷!"

"앞으로 나란히!"

하지만 일본식 구령을 이해하지 못하고 멀뚱멀뚱해 하는 친구들이 많았다. 병오는 그 때마다 무슨 뜻인지 친구들에게 알려주었다.

전진하라, 전진하라, 병사들이여 전진하라.
좋은 나라 일본, 신의 나라 일본.

수업에서는 특히 알아들을 수 없는 일본어뿐이어서 어린 학생들은 금방 어수선해졌다.
"시끄러워요! 모두 조용히!"
여선생은 책상을 치며 일본어로 소리치는 버릇이 있었다.
그러나 1학년들도 차분해지면서 생기가 넘치는 수업이 있었다. 일주일에 세 번밖에 없는 모국어 수업이었다.
"한글 수업은 올해가 마지막이 될지도 모르니 열심히 공부하자꾸나."
선생님이 생각에 잠긴 얼굴로 말했다. 끝내 조선총독부에서는 모국어 수업을 금지시켰다.
둥근 얼굴에 머리를 땋은 혜경은 서울에 있는 이화여자전문학교에 진학했다. 수줍음이 많은 그녀는 어머니와 쏙 빼닮았다는 소리를 많이 들었다. 통통한 얼굴에 키나 몸집도 어머니와 비슷했다.
혜경은 여학교의 일상을 자잘하게 적어 편지를 보내곤 했다. 남쪽에서 온 친구와 말투가 달라서 이상했다는 등, 안주에서는 기차가 서는 역을 '종고장'이라고 발음하는데 여기서는 '정거장'이라고 해서 당황했다는 등등의 이야기가 쓰여 있었다.
혜경이 보내온 수업 시간표를 보고 아버지는 한숨을 쉬었다. 역시나 조선의 역사와 지리에 관련된 수업은 없었던 것이다. 민족적인 감정이 커지는 것을 두려워한 일본이 모든 학교에서 금지시킨 탓이었다.

어머니는 옷 손질도 잘 못하는 혜경이 걱정되어 학교가 멀리 떨어져 있는 것에 대해 내심 불안해하는 눈치였다.

6월, 모내기로 바쁜 안주 사람들은 경찰이 분주하게 움직이는 것을 목격했다. 자동차가 돌아다니고 무장한 경찰들이 성문에 서서 출입하는 사람들을 검문하고 있었다.

경찰과 군대가 소란스러워서 좋은 일이 생긴 적은 한 번도 없었다. 무슨 일이 있나 다들 걱정하는데 그 소문이 퍼졌다.

김일성이라는 나이든 장군이 부하들을 이끌고 압록강을 건너서 백두산 기슭의 마을 보천보普天堡를 공격해 경찰과 관공서를 불태웠다고 한다.[27] 삼백 킬로미터 떨어진 곳에서 일어난 사건이었다.

그들은 환호성을 지르는 사람들에게 일본제국주의를 타도하고 반드시 승리하는 날이 올 거라며 약속하고 돌아갔다. 화난 일본군이 뒤를 쫓았지만 복병을 만나 전멸했다.

소문을 들은 사람들은 안주에도 빨치산이 오면 좋겠다고 수군거렸다. 항일의 기운은 뿌리가 깊어 들불처럼 확 불타오르는 것은 시간문제였다.

원홍구와 부인은 이수만이 걱정되었다. 구급상자를 들고 헐레벌떡 뛰어가던 모습이 떠올랐다.

"이곳으로 돌아오면 좋을 텐데……."

그렇지만 경찰이 충민사의 이수만을 마지막에 본 것이 언제인지 꼬치꼬치 캐물으며 행방을 수소문하고 다녔기 때문에 돌아와도 위험한 것은 마찬가지였다.

달 밝은 7월, 베이징 근교의 루거우차오蘆溝橋[28]에서 일본군이 중일전쟁의 불씨를 당기며 대륙의 중앙부로 일시에 공격해 들어갔다.

안주에 있던 일본의 젊은이들에게도 붉은색 소집 영장이 발부되어 등에 보따리를 메고 입대하기 위해 길을 떠났다.

때문에 소학교 학생들과 마을 사람들은 일장기를 들고 신안주역까지 여러 번 환송을 나가야 했다. 더위가 기승을 부리던 때라 병오 같은 어린아이 걸음으로는 두 시간이나 걸리는 곳이었다.

용감하게 이기고 돌아오리라
동양의 평화를 위해서라면
죽어서 돌아오리라, 힘을 얻어서

철로 옆에 서서 목이 터져라 노래를 부르면 많은 병사들이 만세를 부르고 손을 흔들며 국경으로 향하는 열차에 올랐다.

"하늘을 대신해 나쁜 중국 놈들을 응징하러 가는 겁니다."

선생님의 가르침을 순진하게 믿으며 병오도 친구들과 함께 일장기를 흔들었다.

일본군은 중국의 평화로운 마을과 도시를 점령하면서 조금이라도 반항하면 불태우거나 사람들을 죽이면서 앞으로 나아갔다. 조선은 전방의 부대에게로 군수품과 식량, 말 등을 용이하게 조달하기 위한 기지나 마찬가지였다.

전투 중인 부대는 부족한 식량을 채우기 위해 그들이 점령한 마을에서 쌀과 돼지, 닭이나 야채 등을 수탈했다. 이러한 일본군을 중국 사람들은 동양귀東洋鬼라고 불렀다.

교실에 석탄 난로를 뗄 무렵이 되자 선생님이 '황국신민의 맹세'[29]라는 것을 큰 종이에 써서 벽에 붙였다.

황국이라는 것은 천황이 다스리는 나라라는 의미였다. 선생님이 우선 큰 소리로 읽어 시범을 보였다.

> 하나, 우리들은 대일본제국의 신민입니다.
> 둘, 우리들은 마음을 합쳐 천황폐하께 충의를 다하겠습니다.
> 셋, 우리들은 괴로움을 참고 견디어 훌륭하고 강한 국민이 되겠습니다.

1학년들의 입이 떡 벌어졌다.
"자, 이걸 전부 기억해야 돼요. 앞으로 조례 시간마다 외울 거니까."

학생들 사이에서 한숨이 터져 나왔다. 불경을 외는 것처럼 암기하는 수밖에 없었다.

　결국 모든 교실에서 황국신민의 맹세가 큰 소리로 흘러나오게 되었다. 학생뿐만 아니라 성인들도 외워야만 했다. 이러다 보니 낙동강에 세워진 다리를 무서워서 건널 수가 없다는 소문이 퍼졌다. 경찰이 다릿목에서 황국신민의 맹세를 외우지 못하는 사람들을 건너지 못하게 쫓아버렸기 때문이었다.

　일본어를 못하는 어머니는 맹세를 외우기 위해 이를 악물었다. 아버지는 탄식하며 눈물을 글썽이는 어머니에게 읽는 법을 알려 주었다.

일본 신사 참배

안주의 높직한 언덕에는 몇 년 전에 일본 신사가 세워졌다.

사람들은 정착한 일본인들이 그곳에서 공손하게 머리 숙여 참배하는 것을 호기심 어린 눈빛으로 바라봤다.

'저 건물 안에 일본에서 온 신이 있나 봐.'

하지만 그해 겨울, 안주 신사 앞으로 마을의 모든 어른들을 소집한다는 소리에 어머니의 안색이 바뀌었다.

'왜 모이라고 하는 거지……. 혹시?'

아버지에게 물어보니 일본이 있는 동쪽을 향해 '황국신민의 맹세'를 큰 소리로 주창하고, 중국과의 전쟁에서 이길 수 있도록 신사를 참배하라는 것이었다. 어머니는 숨 죽여 말했다.

"여보, 안주 신사에서 모시는 게 대체 뭐예요?"

"아마테라스 오오미카미天照大神라고……."

"그게 어떤 신이죠?"

"그냥 일본 천황의 조상쯤 되려나."

"그런 신을 참배할 순 없어요. 하물며 이 전쟁은 정의로운 것도 아니라고 신부님께서 말씀하신 걸요. 제 신은 예수 그리스도예요."

"그렇게 말해도……."

"어쩔 수 없다는 거겠죠, 당신은 항상 그런 식이니까."

"그게 아니잖아, 참배를 가지 않았다가 가족들에게 무슨 일이라도 생기면 어쩌려고 그래?"

아버지는 언짢은 듯 입을 다물었고, 어머니는 묵주를 손에 쥔 채 십자가를 향했다. 그리고 고개를 숙이고 오랫동안 기도를 올렸다. 크리스천은 다른 종교의 신을 모시는 것에 대해 심각한 이단 행위로 여겼다

아버지가 어머니에게 나직하게 말했다.

"여보, 그냥 시늉만 하면 되는 거야. 부탁할게."

"그렇게는 못해요."

어머니는 자리에서 일어나 부엌으로 가버렸다.

거실에 있던 아버지는 한숨만 쉴 뿐이었다. 병오가 부엌으로 가 보니 어머니는 이미 청소가 끝난 부뚜막 주변을 쓸고 있었다.

'어머니가 울고 계시면 어쩌지?'

병오는 살며시 어머니의 얼굴을 살폈다. 어머니는 작은 목소리로 아리랑을 읊조리고 있었다.

"여보, 부탁이야……. 신부님도 이해하실 거야. 참배를 거절하면 나는 어떡하라고."

옆에서 애원하는 아버지에게 어머니는 마지못해 고개를 끄덕였다.

이런 식으로 매달 한 번, 모든 조선 사람들은 일본 신사를 참배하

게 되었다. 따르지 않는 사람들은 어떻게 되었을까? 조선총독부는 큰길에 형무소를 하나씩 만들었다. 처음에는 작았지만 몇 백 명이나 되는 사람들을 수용하려다 보니 갈수록 커지게 되었고, 천황의 사진이나 신사 쪽으로 엉덩이를 향하는 자는 '불경죄不敬罪'라는 엉뚱한 명목으로 죄를 물어 감옥에 처넣었다.

평양 교외에 돌담을 높게 쌓은 형무소 상공을 독수리가 끈질기게 돌고 있는 날은 사형이 집행되는 것이라 생각하면 되었다.

일본어를 모르는 어머니

북쪽의 겨울은 극성스러웠다.

얼어붙은 청천강은 트럭이나 마차가 강 위로 지나갈 수 있을 정도였다.

겨울방학이 되자 서울에서 혜경이 돌아왔다. 일요일 아침은 온 가족이 성당에 가는 날이어서 그녀는 새파란 저고리와 하얀 치마로 옷을 갈아입고 거울을 들여다보고 있었다.

삐익 삑삑

창가의 선반에 있는 새장 안에서 몇 년간 키운 양진이[30] 수컷이 재잘거렸다. 아름다운 붉은 새는 참새보다는 조금 크고 통통한 귀여운 모습이었다.

병오는 마루에 앉아 양진이의 모습을 그리고 있었다. 겨울방학 숙제로 학교에 가져갈 생각이었다. 양진이는 온통 붉기만 한 새는 아니었다.

병오는 새장에 얼굴을 가까이 가져가 문을 열고 양진이와 마주 보았다. 작은 새가 고개를 갸웃거리며 소년을 쳐다보았다. 목은 은색으로 반짝거리고 뺨에 비늘처럼 보이는 주름도 있다.

"병오야, 놀자!"

창문 밖으로 친구가 찾아온 것이 보였다. 그래도 병오는 새 앞에서 떨어질 줄 몰랐다.

"공기총 쏘는 아저씨 왔대, 구경 가자."

"정말?"

소년은 크레용을 두고 뛰쳐나갔다. 공기총이라는 소리를 듣고 가만히 앉아 있을 수만은 없었다. 대부분의 남자아이들이 사냥에 흥미를 갖고 있었지만 병오는 남보다 갑절은 좋아했다.

"병오야, 9시에는 미사가야지."

어머니가 우리말로 불러 세웠다.

"몇 시에 어디라고요?"

병오는 일본어로 답했다.

아이는 어머니를 닮아 하얀 피부에 볼은 사과처럼 발간색이었다. 몸에 활기가 넘쳐서 움직이기 시작하면 막을 수 없는 나이였다.

"성, 성당에, 병오야!"

어머니가 한 번 더 외쳤지만 아이는 이미 뛰쳐나가고 없었다.

"병일아, 막내 좀 데려오렴."

이름을 불린 병일은 창문 밖을 내다보고는 얼굴을 찌푸렸다. 토끼 귀마개에 개 털가죽 모자를 뒤집어쓴 머리통이 밖으로 내달리고 있었다. 힘이 넘치는 장난꾸러기 동생이 말을 들을 리 없었다.

"병오는 꼭 하기 싫으면 우리말을 모르는 척 한다니까. 아버지한테 애기해서 혼내달라고 해야겠어."

어머니가 눈살을 찌푸리며 말하자 옆에서 혜경이 웃었다.

가정에서도 일본어를 사용하라는 총독부의 명령이 내려왔다. 며칠이 지난 저녁 식사 시간에 아버지가 일찌감치 수저를 내려놓고 말을 꺼냈다.

"학생들에게 일본어를 권유하는 교육자의 입장에서 어쩔 수 없지, 우리 집에서도……."

그는 잠시 머뭇거렸다.

병오는 닭튀김을 뜯고, 혜경은 젓가락으로 고추장을 집어 밥에 얹어 먹고 있었다. 식탁에는 두부를 넣은 국과 김치도 놓여 있었다.

"…… 될 수 있는 대로 일본말을 쓰도록 하자. 알겠지, 애들아? 이제부터는 어머니를 오카상ぉ母さん, 아버지를 오토상ぉ父さん이라고 불러야 한다."

"…… 앞으로 난 어쩌면 좋지?"

어머니가 중얼거리며 젓가락을 내려놓았다.

"서툴러도 괜찮으니까 당신도 일본어로……."

"하지만, 여보."

어머니는 원망스럽다는 듯이 아버지를 바라보았다.

"좋았어, 어머니의 일본어 실력이라면 나를 더 이상 혼내지 못할 거야."

병오가 장난스럽게 말했다. 그러자 어머니는 입을 꾹 다물었다.

"그래요, 난 이제 벙어리처럼 손짓이나 하면서 한마디도 안 하면 되겠네요."

어머니가 눈물을 참으며 고개를 돌렸다.

"당신더러 말을 하지 말라는 건 아니잖소. 되도록이면……. 아니, 당신은 특별히 예외로 두지요. 어쩔 수 없지."

"당신은 항상 어쩔 수 없다고 하잖아요. 내가 일본어를 못하니까 창피한 거죠. 일본 선생님들을 만나도 변변한 인사조차 못하니까. 차라리 일본에 유학 갔을 때 일본인이랑 결혼하지 그랬어요."

"당신, 애들 앞에서 무슨 소리를……. 그런 거 아니야."

아버지가 눈을 부릅떴다. 착하고 다정한 성격의 부인이었는데 요즘은 날카로워진 것 같았다.

병일이 벌떡 일어나 공부방으로 향했다. 온순한 성격의 병일은 부모님의 말다툼이 불편했다. 혜경도 밥공기를 들고 부엌으로 향했다. 병오만 남아서 부모님 얼굴을 멀뚱멀뚱 쳐다보고 있었다.

머리를 뒤로 땋아 내린 어머니는 얼굴이 창백하게 질리고 어깨가 조금씩 떨리고 있었다.

"일본어를 하지 않으면 아이들이 곤란해지잖소. 그건 당신도 알고 있잖아."

"일본어, 일본어! 언제까지 일본이 지배할 리는 없잖아요. 난 더 이상……."

"여보!"

아버지가 나무라듯 크게 소리쳤다.

부부는 아이들 앞에서 일본과 총독부에 대해 나쁜 말을 꺼내지 말자고 결심했었다. 그렇지 않으면 아이들에게 항일 감정이 생겨 위험할 수도 있기 때문이었다.

원홍구는 항일 운동에 대한 일본의 단속이 얼마나 지독한지 알고 있었다.

식민지가 된 지 아홉 해가 지난 1919년 3월 1일, 참고 참았던 사람들이 서울에서 독립운동을 일으켰다.

"우리는 이에 우리 조선이 독립한 나라임과 조선 사람이 자주적인 민족임을 선언한다."

서울에서 중학교 이상의 학생들은 모두 동맹 휴교를 하고 파고다 공원에 모였다. 젊은 시절의 원홍구도 개성에서 시위에 참가했다. "독립 만세"를 외치는 소리는 전국에 울려 퍼졌다.

일본 군대가 시위행진을 하는 사람들을 덮쳤다. 그해 5월 말까지 적어도 사망자가 8000명, 부상자가 1만 6000명이 발생했고, 체포된 사람만 4만 7000명이었다.

원홍구는 식민지의 지배자가 얼마나 잔혹할 수 있는지 눈앞에서 목격했다. 군대는 무기도 없이 그저 독립을 외치는 시위대에게 발포를 했다. 벌레 목숨처럼 쓰러져 가는 사람들 사이에서 원홍구는 겨우 생명을 부지할 수 있었다.

분쟁을 싫어하고 소심한 부분이 있는 원홍구는 그런 잔인한 경험을 아이들이 겪게 할 수는 없다고 다짐했다.

"진정해, 여보. 애들 앞에서 할 말이 있고, 못할 말이 있지."

"……."

어머니는 입술을 깨물었다. 갑자기 병오가 말했다.

"어머니, 저랑 일본어 공부해요. 1학년용 책도 있으니까요."

"그래, 병오와 함께 하면 되겠네."

병오는 벽에 세워둔 책가방에서 교과서를 꺼내 어머니에게 다가갔다.

"같이 읽어요, 어머니. 일본어는 어렵지 않아요."

"병오야, 참 고맙구나. 이 어미는 괜찮으니 너는 너 '지신'의 공부를 하려무나."

어머니가 눈꼬리를 닦아내며 귀동냥으로 들었던 단어를 일본어로 말했다.

"'지신'이 아니고 '자신'이에요, 어머니."

"너는 '코마' 주제에 잘도 아는구나, 병오야."

"그건 '꼬마'예요, 어머니."

아이는 어머니의 기분이 나아졌다고 생각했는지 장난을 쳤다.

"일본어를 쓰는 건 머리가 아파. 병오에게 '파보' 취급을 당하기나 하고……. 빨치산이라도 되어야 할까 봐."

"어머니, '바보'라고 하신 거예요?"

아버지는 겨우 쓴웃음을 지었다.

그 뒤로 집에서도 일본어를 사용하게 되었다. 아버지는 혜경의 말투를 고쳐주거나 병오의 발음을 정정해 주었다.

아이들은 습득이 빨라 금세 익숙해졌다. 오히려 횡설수설하는 것은 어머니 쪽이었다. 어머니는 병오와 함께 1학년용 교과서를 읽었지만 도통 이해하지 못했다.

어머니는 아버지를 중심으로 일본어 대화가 시작되면 허둥대며 다른 사람들의 얼굴만 쳐다보기 일쑤였다. 배가 고프다든가 이가 아프다는 것은 표정으로 알아볼 수 있었지만, 단어 수가 늘어나면 더 이상 알아듣지 못했다.

어머니는 함께 있으려고 노력했지만 가족들이 일본어로 말하며 웃거나 장난치는 것을 바라보다가 훌쩍 자리를 뜨곤 했다.

병오가 걱정이 되어 쫓아가 보면 어머니는 부엌에서 냄비를 닦거나 하지 않아도 될 일을 하고 있었다. 그리고는 쓸쓸한 모습으로 나지막하게 노래를 불렀다.

"아리랑은 왜 불러요?"

"이 노래를 부르면 외로운 느낌이 사라진단다. 아주 조금이지만."

"왜요?"

"옛날에 아주 아주 힘든 일을 겪게 된 사람이 있었는데……."

어머니는 이야기를 꺼내려다 말을 끊었다.

"이런 얘긴 넌 몰라도 돼."

경찰서장의 작은 새

비가 촉촉하게 내리면서 강변의 버드나무에 안개가 감기면 청천강의 얼음이 풀리기 시작한다. 그러면 사람들은 위험하기 때문에 더 이상 얼음 위를 건너지 않는다.

이윽고 깊은 곳에서 소리가 울리며 두꺼운 얼음이 갈라지고, 청천강은 집채만 한 크기의 얼음 덩어리를 밀어내면서 바다로 흐르기 시작한다.

안주의 봄 풍경을 맞이하는 병오는 3학년이 되었다. 오래된 성벽마을에서 씩씩하고 싸움에도 강하며 결코 약한 소리를 내지 않는 아이로 자랐다.

거리에는 조선인도 일본인과 하나라는 뜻의 내선일체內鮮一體[31]라는 표어가 넘쳐났다. 내지인內地人은 조선으로 건너온 일본인을 가리켰다. 그들은 대부분 돈이 많고 으스댔으며 내지인 학생들 또한 금단추가 번쩍거리는 좋은 옷을 입었다. 병오는 왜 이런 차이가 나는지 알 수가 없었다.

안주의 성벽 밑 허름한 집에 사는 사람들은 여름에 풀을 뜯어 먹으며 허기를 면하거나 구걸하는 경우도 많았다. 땅을 잃어 멀리 떠날 수도 없는 사람들이었다.

"이봐, 냄새 나니까 저리 가."

누더기를 두른 가난한 아이들이 들개처럼 쫓겨났다.

조선의 젊은 청년들은 일본 본토를 시작으로 남사할린, 중국, 동남아시아로 끌려가 강제 노역을 해야만 했다.[32] 전쟁으로 일본의 젊은이들이 군대에 동원되면서 노동자가 부족해졌기 때문이었다.

충민사 관리인의 차남은 제철소를 그만두고 돌아왔는데 관공서에 불려 가는가 싶더니 반강제로 일본에 가게 되었다. 그들은 일본에서 일하면 급여도 좋고 조선으로 송금도 가능하다고 말했다.

하지만 규슈의 탄광에 도착했다는 편지를 끝으로 차남의 연락은 두절되었다.

일본인 감독은 조선인들에게 협박과 폭행을 가하며 위험한 일터로 내몰았다. 차남이 어떻게 되었는지 아무도 알 수 없었다.

관공서의 명령을 거절하는 사람은 불령선인不逞鮮人[33]이라 일컬으며 경찰서로 잡아갔다. 불령이란 괘씸하다는 뜻으로, 경찰이 그런 죄목을 갖다 붙이는 순간 목숨이 달린 문제가 될 수도 있었다. 체포되는 사람은 형무소에 처박히거나 노역을 해야만 했다.

그래서 위압감을 주는 제복과 모자를 착용하고 허리에 칼을 찬 경찰은 죄 없는 조선 사람들에게 악귀처럼 보였다.

병오가 다니는 내성의 소학교 길목에 안주경찰서장의 관사가 있었다. 기와지붕으로 된 커다란 건물의 안뜰에는 비단잉어를 풀어놓은 연못도 있었다. 경찰차나 경찰관이 서 있는 경우도 있어서 학생들은 이곳을 지날 때 마다 겁을 먹었다.

 졸음이 몰려오는 봄날에 큰길에서 아름다운 피리 소리 같은 작은 새의 울음소리가 들려왔다. 하교 중인 학생들은 발돋움하여 담장 안을 들여다보았다. 경찰서장의 방으로 보이는 창문 바깥에 늘어진 둥근 새장에서 소리가 흘러나오고 있었다.

 "병오야, 너 저게 뭔지 알아?"

 "앗, 밀화부리다. 진짜잖아!"

 "왜 일본 경찰은 우리나라 새를 새장에 가둬놓고 창밖에 매달아 두는 거지?"

 "그러게. 저건 작은 새에게는 감옥이나 다름없어."

 "일본 새를 넣어두면 될 텐데."

 학생들 중 두어 살 많은 아이가 제안했다.

 "얘들아, 우리도 해볼까?"

 "뭐를?"

 "빨치산이 하는 것처럼 풀어주자. 작은 새를 괴롭히게 둘 순 없지."

 "그러자! 내가 할래."

 경찰서장은 안주로 막 전근을 온 참이라 마을의 대표와 함께 차를 마시고 있었다.

 "안주가 참 좋은 곳이죠. 경찰 덕분에 반일운동은 물론 도둑 같은 것도 없습니다. 여기가 참 좋은 마을이라……."

조선인 유력자가 경찰서장에게 알랑거리는 동안, 창가의 반투명 유리에 얇은 막대 그림자가 비치더니 곧 새장이 아래로 내려갔다. 콧수염을 기른 서장은 하녀가 새장을 건드리나 싶어 보고만 있었다.

그러나 안마당에 들어가 경찰서장의 새장을 가져간 사람은 바로 병오였다.

"좋았어."

새장 안의 밀화부리는 깜짝 놀란 것처럼 보였다. 양진이보다 크고 통통한 몸집이었다. 전체적으로 옅은 보랏빛에 머리는 청자색이었다.

"되게 멋있게 생겼다. 푸드덕거리지도 않고 얌전해. 기른 지 몇 년 됐나 봐."

"얘들아, 거기서 새장 갖고 뭘 하는 거니?"

아이들은 그만 밖으로 나온 하녀와 맞닥뜨리고 말았다.

"이런, 큰일 났다."

"꺅! 새 도둑, 도둑이야! 누구 없어요? 누가 좀 나와 보세요!"

"도망가자!"

새장을 손에 든 병오와 아이들은 사방으로 뿔뿔이 흩어져 달아났다.

거실에 있던 손님들이 큰 소동에 뛰쳐나왔다. 병오는 붙잡힐 것 같아 들고 있던 새장을 놓아버렸다.

쨍그랑!

큰 소리가 나면서 새장 밑이 빠지자 밀화부리가 파닥파닥 날아올랐다.

"아, 서장님 새가! 누가 저 새 좀 잡아줘요!"

추격하던 사람들이 우물쭈물하는 사이, 병오는 붐비는 사람들 틈 사이에 섞여 도망쳤다. 아이들 장난이라고는 하지만 상대가 경찰서장이었기에 까딱하면 아버지의 목이 날아가게 될지도 모르는 위험한 일이었다.

어머니는 병오가 잘 알아듣도록 타일렀고, 아버지는 아이의 머리에 손을 얹은 채 한숨을 내쉬었다.

"남의 것에 손을 대서는 안 돼. 신부님께 뭐라 말씀을 드려야 할지……."

"절대 말하지 마세요. 다시는 도둑질 안 할게요."

병오는 입술을 깨물었다. 매주 일요일마다 성당에서 하는 미사에는 가고 싶지 않았다. 신과 천국의 이야기는 지루해서 금세 따분해지기 때문이었다.

땅을 빼앗기고

늦가을, 병오는 바로 위의 형인 병일과 함께 심부름으로 김장에 사용할 배추와 무를 수레에 싣고 충민사로 가져갔다. 충민사의 오래된 문 앞 커다란 소나무 밑에 관리인의 집이 있었다.

"고맙구나, 얘들아."

여기저기 기와가 빠진 지붕 아래에서 할머니가 흐뭇하게 웃으며 아이들의 머리를 쓰다듬어 주었다. 소년들은 관리인의 집 뒤쪽으로 돌아 성벽 위에 올랐다. 풀이 무성한 높은 곳에서는 안주역과 은빛으로 빛나는 청천강이 내려다보였다.

무너진 망루에는 누덕누덕 기운 옷을 입은 충민사의 관리인이 걸터앉아 쉬고 있었다. 후계자 이수만이 종적을 감추고 그 동생마저 일본에 끌려가는 바람에 실성했다는 소문이 돌았다.

"안녕하세요."

아이들이 인사했지만 관리인은 돌아보지도 않은 채 마른 고목 같은 자세로 경치만 바라봤다.

"저곳은 우리 선조 대대로 일군 밭인데 일본 놈들이 빼앗아갔지."

나이든 관리인이 속삭이듯 호소했다.

관리인이 바라보는 울타리를 두른 초원에는 일고여덟 마리의 젖소가 풀을 뜯고 있었다. 일본인이 운영하는 목장이었다.

일본이 조선을 합병하고 가장 먼저 실행한 것은 토지조사사업土地調査事業[34)]이라는 명목 하에 수많은 농민으로부터 토지를 몰수하는 일이었다.

조선총독부는 정해진 날짜까지 토지를 신고하면 소유권을 인정해주겠다고 했지만 사람들은 토지등록법이라는 것 자체를 잘 이해하지 못했다.

친척이나 마을 사람들과 땅을 공유하거나 대대로 경작을 했어도 관공서에 대장이 없는 경우도 많아, 이런 상황은 총독부가 토지를 빼앗기에 안성맞춤이었다. 땅을 몰수당한 이들 중에 불만을 제기하는 사람은 형무소에 가두었다.

이렇게 빼앗은 막대한 토지를 조선총독부는 일본인이 운영하는 토지회사와 이민자들에게 팔아 넘겼다. 덕분에 바다를 건너온 일본인들은 손쉽게 큰 농장을 운영할 수 있었다. 남은 것은 토지를 빼앗긴 사람들의 깊은 한숨뿐이었다. 그들은 대지주의 소작인이 되거나 고향을 버리고 떠돌게 되었다.

북쪽 지방의 농민 대부분은 중국 동북부로, 남쪽 지방 사람들은 일본으로 흘러 들어갔다. 그 외에 미국, 러시아 등지로 떠난 사람들까지 더하면 대략 삼, 사백만 명이 된다고 한다. 1945년 일본이 패전했을 때 일본에 있던 조선 사람은 240만 명, 그 가운데 60만 명은 돌아올 곳이 없어 그대로 일본에 남았다.

충민사의 관리인 부부도 당시에 배추밭을 잃었다. 관리인이 멍하니 중얼거렸다.

"땅도 아들도 모두 빼앗겨 버렸어. 너희들도 아버지를 잃지 않도록 조심해라."

깜짝 놀란 어린 형제는 관리인에게 작별 인사를 하고 그 자리를 떴다.

아버지와 헤어진다는 생각은 해 본 적이 없었다. 성벽 서쪽으로 달려가는 둘의 시야에 노을로 물든 안주농업학교가 보였다. 형제는 붉은 벽돌로 이루어진 이층 건물을 동경하고 있었다.

테니스장 너머에서 학생들이 성터의 돌담을 허물어 손수레로 나르고 있었다. 교정을 넓히는데 낡은 성벽이 방해가 되었던 모양이었다.

"어디에 계시지?"

형제는 아버지를 찾아 다녔다. 만나게 되면 손이라도 흔들 참이었다.

일본인들과 함께 교사 생활을 하고 있는 아버지는 형제의 자랑이었다. 그 아버지가 얼마나 괴로워하고 있었는지 형제는 전혀 알지 못했다. 아마 깨닫더라도 아이들이 해줄 수 있는 것은 아무것도 없었을 것이다.

에도 막부 말기 이래 여러 시련을 거치면서도 러시아와 미국 등 백인에게 지지 않고 발전해 온 일본에 대해 원홍구는 호의적인 마음을 품고 있었다. 그러한 우수함을 배우려고 일본의 책도 많이 읽는 원홍구였지만 일본이 조선을 합병한 이유에 대해서는 아무리 생각해도 납득할 수가 없었다.

그는 독서 덕분에 일본에 대한 지식이 풍부했다. 가끔 사이고 다카모리西鄉隆盛[35]의 가고시마 사투리를 능숙하게 흉내 내서 사람들에게 웃음을 주기도 했다. 일본사람들도 됨됨이가 서글서글한 원홍구를 좋아했다. 개중에는 집으로 초대해 대접하는 이들도 있었다. 하지만 원홍구는 짓밟힌 조국에 대한 서러움이 사라지지 않아 절망에서 도망치듯 새 연구에 몰두했다.

가을이 지나는 시기에는 북에서 번식한 수많은 철새가 이곳을 지나갔다. 나무가 뒤덮인 성터 뒷산에도 작은 새들의 무리가 머물다 가곤 했다. 원홍구는 그물로 포획한 새의 정보를 모두 도쿄의 구로다 나가미치 박사에게 보냈다.

엽총 사용을 허가 받아 대형 조류 채집에도 나섰다. 지금은 멸종된 따오기도 당시에는 논에서 50여 마리 정도의 무리는 쉽게 볼 수 있었다고 한다. 황새, 두루미, 크낙새도 수집하여 매년 늘어나는 표본장은 어느새 방 하나를 가득 채웠다.

'새를 연구하면서 표본을 모으자. 언젠가 우리나라에 도움이 될지도 몰라.' 그것이 원홍구의 삶의 보람이었다.

창씨개명

1939년 가을, 서울에 있는 혜경에게서 편지가 왔다. 학교에서 선생님이 집에 돌아가 일본식으로 이름을 바꾸는 것에 대해 상담하라고 했다는 내용이었다. [36]

그날 아버지의 모습을 병오는 평생 잊을 수가 없다.

"총독부의 명령인가……. 혹시 착각한 거 아닐까? 여기에선 아무 얘기도 없었어!"

언제나 느긋했던 아버지가 거칠게 숨을 쉬며 화를 냈다.

"왜 이름까지 바꾸라는 거지? 이렇게 쥐 죽은 듯이 살고 있는데!"

모국어로 빠르게 말하는 아버지를 보며 어머니는 갈팡질팡했다.

"여보, 진정해요."

"이런 일까지 당하면서 가만히 있어야 된다는 거요?"

"애들 앞이에요, 여보."

"젠장!"

아버지는 실성한 사람처럼 방 안을 빙빙 맴돌았고, 병오는 그 모습이 무서워서 밖으로 나갔다. 이름을 바꾼다는 것이 어떤 의미인지 어렴풋이 알 수 있었다.

유럽에서는 독일이 폴란드를 침공하며 제2차 세계대전이 시작되었다. 군사정권이 들어선 일본은 군국주의화되어 가고 있었다.

"뭔가 잘못 들은 게 아닐까……."

병오는 혹시나 했지만 그것은 사실이었다. 안주농업학교에도 평안남도 교부과에서 학생들의 성(姓)을 바꾸라는 명령이 내려왔다.

조선인의 성씨는 김金, 이李, 박朴, 최崔, 정鄭, 조趙, 강姜, 장張처럼 한 글자로 된 것이 대부분인데 그것을 가네다金田, 사사키佐々木, 야마모토山本같은 일본식으로 쓰라는 것이었다.

조선 각지에서 말도 안 된다는 맹렬한 반응이 일었다.

그러나 친일파들이 앞장서서 창씨개명을 하고 관공서에 근무하는 사람들도 그 뒤를 따르자, 다른 사람들도 마지못해 이름을 고치기 시작했다. 노동자와 농민 계층에서는 따를 수 없다는 의견이 적지 않았다.

창씨개명을 하지 않는 사람은 위험인물로 지목되어 소학교 입학조차 허가 받지 못했다. 그런 소리를 들으면 눈물을 삼킬 수밖에 없었다. 그럼에도 끝까지 저항한 사람은 전 국민의 이할 정도였다.

해가 짧아지고 바람이 강한 저녁, 병오는 스케이트를 타고 놀다가 집으로 돌아왔다. 방은 불이 꺼져 있어 어두웠다. 아무도 없나 하고 생각할 찰나, 서울에 있어야 할 혜경이 눈에 들어왔다. 병일도 한 쪽에 서 있었다.

"누나, 돌아온 거야? 잘됐다!"

병오가 신나서 소리쳤지만 둘은 입을 꾹 닫은 채 아무런 대답이 없었다.

"무슨 일이야? 불도 안 켜고."

전등을 켜려는데 혜경이 소리를 질렀다.

"병오야, 켜지마!"

어둠이 눈에 익자, 혜경과 병일의 눈망울이 흐려진 것이 보였다. 어머니의 볼에도 눈물이 흐르고 아버지 역시 안경을 벗고 있었다.

누가 죽기라도 한 건가? 혹시 형이?

"원元씨 성을 버리고 일본식으로 바꾸라는 명령이 내려왔단다."

"아, 다행이다."

"다행이라고?"

"난 누가 죽었나 싶어서 깜짝 놀랐잖아. 모두들 울고 있길래."

어머니는 병오를 손짓으로 불러 앉혔다.

"병오야, 우리 이름을 바꿔야 한다고!"

"어쩔 수 없지……. 병일이와 혜경이 모두 그만 하거라."

"그럼 이제 뭐라고 바꾸는 거예요?"

"몇 가지 생각해 봤는데……, 이건 어떨까 싶구나."

거실에 있는 낮은 책상 위에 흰색 종이가 어렴풋이 보였다.

"어두워서 잘 안 보여."

병오는 일부러 밝게 말했다.

시선을 집중하자 '곡원숌元'이라는 글자가 떠올랐다.

"이게 새로운 성씨인가. 어떻게 읽어?"

강요된 일본어 | 97

"……."
"응? 뭐라고 읽는 건데?"
"…… 다니모토."
혜경이 이를 악물며 목 메이는 소리로 말하자 모두 소리 없이 울었다.

제3장

독립의 꿈

여학교의 교장이 되다

1940년 봄, 다니모토가 된 52세의 원홍구는 뜻하지 않게 함경남도 함흥시에 있는 영생고등여학교永生高等女學校[37] 교장으로 임명되었다.

당시에 조선인 교장은 흔한 일이 아니었다. 제자들과 친구들이 축하해주러 찾아왔지만, 원홍구는 기뻐하는 기색이 아니었다. 중국 대륙에서 벌어진 전쟁으로 생활에 필요한 물자들이 부족해지고 있었다.

"여기서 평생 살고 싶어 하셨죠?"

어머니가 물었다.

"안주는 좋은 곳이지. 하지만 가야 해."

희끗희끗하게 흰머리가 보이기 시작한 원홍구가 눈썹에 힘을 주며 말했다.

자식들이 모시고 살 만한 나이가 되었지만, 장남 병휘는 만주 쓰핑 성四平省[38]에서 일본 방역연구소의 페스트 방역관으로 일하고 있었기 때문에 함께 사는 것은 좀 더 먼 후일이 될 터였다.

십 년 동안 살던 안주에서 이사를 가며, 새 표본이 들어 있는 장식장을 옮기기 위해 화물열차 한 량을 빌리기로 했다.

"여보, 새 표본만이 안주에서 얻은 재산이구려."

"한 푼어치도 안 되겠지만 말이에요."

"이거야 원, 분명 도움이 되는 날이 올 거요."

원홍구가 작게 웅얼거리자 어머니는 살짝 얼굴을 찡그렸다. 가계 지출에서 절약한 돈이 대부분 표본을 만드는 데에 쓰였기 때문이었다.

병오는 열한 살이 되던 해에 이별의 쓰라림을 알게 되었다. 고라니와 삵이 살던 뒷산, 비둘기가 날아오르던 무너진 성벽, 계단식 밭과 밤나무에 둘러싸인 집 그리고 엘로가 잠들어 있는 대추나무 그늘. 안주에서 철이 든 소년에게 이곳은 고향이나 마찬가지였다.

"병오야, 언젠가 다시 안주로 돌아오자."

"아버지, 정말요? 꼭이에요!"

그렇게 말을 나누며 가족은 안주를 떠났다.

동쪽에 위치한 함흥시까지 직접 통하는 철도가 없어 서울을 경유하느라 삼 일이나 걸렸다. 서울에서 시간이 비는 동안, 다섯 식구는 아버지의 어린 시절 친구라는 금광왕 최창학崔昌學[39]의 집을 방문했다. 서울의 중심지에 자리한 최창학의 저택은 붉은 기와를 얹은 궁궐 같아서 모두들 놀라워했다.

게다가 현관에 마중 나온 여자는 일본인이었다. 응접실에 다다르자 풍채 좋은 사나이가 청백색 저고리를 입고 커다란 호랑이 가죽을 깐 소파에 여유롭게 앉아 있었다. 이런 조선인을 처음 본 병오는 다시 한 번 놀랐다.

"오오, 홍구 자네가 교장이 되었다며? 축하하네. 제수씨와 아이들 모두 잘 오셨소."

최창학은 금니를 내보이며 웃었다. 금실로 여기저기 수놓아 눈부신 저고리에는 마노 장식까지 두어 개 매달려 있어서 그 화려함에 가족들을 다시 한 번 놀랐다.

"경기는 요즘 어떤가?"

아버지가 물었다.

"나쁘진 않아. 은이 나오는 산을 또 발견했거든. 누가 가서 은덩어리 좀 가져와봐."라고 최창학이 안실 쪽에 외치자 중년의 남자가 "예, 주인어른." 하면서 무언가가 놓인 쟁반을 가져왔다. 중년 남자도 일본인처럼 보였다. 최창학은 가져온 은덩어리를 자랑스럽게 보여주었다.

최창학은 원홍구와 마찬가지로 가난한 농가 출신이었는데, 원홍구가 열심히 옛 서당을 다니며 공부한 반면 그는 전쟁놀이만 하며 놀러 다녔다고 한다. 원홍구가 어려운 유학생 시험에 합격해 일본으로 건너갔을 무렵 최창학은 호랑이가 나오는 깊은 산을 몇 년이나 뒤진 끝에 결국 금광을 발견해 갑부가 되었다.

최창학의 집에는 일본인 부부가 입주해 일하고 있었다. 일본인이라 깔끔해서 마음에 든다는 이유였다. 병오는 일본인을 고용인으로 부리는 조선인이 있다는 사실을 믿을 수가 없었다. 아이들이 용이 새겨진 테이블을 보며 눈을 휘둥그레 뜨고 있는데, 가정부가 하얇고 둥그런 무언가가 담긴 은그릇을 내오며 권했다.

"아이스크림입니다. 드세요."

말로만 들었던 아이스크림을 처음 본 병오는 은수저로 핥듯이 먹어 치웠다. 차갑고 달콤한 맛에 깜짝 놀랐다.

"홍구는 머리는 기가 막히게 좋은데 욕심이 없는 사내라, 제수씨가 불쌍하기도 하지."

최창학이 아이스크림을 먹으면서 크게 웃었다.

"불쌍하기는 무슨……."

아버지가 용을 쓰며 말하자 어머니는 눈을 흘겼다.

십 수 년 전에도 원홍구가 강연 때문에 서울에서 삼일 정도 머문 적이 있었는데 최창학은 참 즐거웠다고 이야기했다. 그때 최창학은 이런 제안을 했었다.

"홍구, 넌 좋은 녀석이라 언젠가는 내가 도와주겠다고 마음먹었지. 여기 만 엔을 줄 테니 이 돈을 사람들에게 빌려주고 이자를 받도록 해. 돈이 벌렸다 싶으면 그 때 갚도록 하고."

최창학이 원홍구에게 돈이 담긴 귤 상자를 건넸다. 당시의 만 엔이면 저택을 스무 채나 살 수 있는 엄청난 돈이었다.

얼떨결에 귤 상자를 봇짐에 싸서 여관으로 가져온 원홍구는 그날 밤 쉬이 잠들 수가 없었다. 복도에서 발소리만 들려도 흠칫 놀랐다. 날이 밝자 귤 상자를 벽장에 숨겨두고 강연에 참가했지만 누가 훔쳐갈까 걱정돼 강사의 이야기가 귀에 들어오지 않았다. 이튿날은 더욱 심해져 쥐 소리만 나도 도둑인가 싶어 벌떡 일어났다.
결국 사흘째 되는 날 귤 상자를 들고 최창학의 집을 찾아갔다.
"이 돈은 돌려주겠네! 이것 때문에 잠을 잘 수가 없어!"
원홍구는 황당해 하는 최창학에게 상자를 내던지듯 돌려주고 도망쳐 나왔다.
"이렇게 욕심이 없는 사람은 본 적이 없다니까."
최창학이 배꼽을 잡고 웃었다.
돌아오는 길에 병오는 아버지의 손을 잡고 걸으며 말했다.
"만 엔이면 우리집도 부자가 되는 건데……."
그 말을 들은 아버지가 조용히 웃었다.
"돈은 말이지, 많이 있다고 좋은 것이 아니야."
"왜요?"
"그건 말이지……."
아버지는 병오와 잡은 손을 흔들더니 이내 말이 없어졌다.
대답은 듣지 못했지만 병오는 어쩐지 아버지가 더욱 좋아졌다.
함경남도의 도청 소재지인 함흥시의 인구는 5만 명이었으나 일본의 패전 후 혹독한 추위와 식량 부족으로 3만 5000명의 목숨을 앗아간 곳으로 알려져 있다.
이사한 다음날 아침에 창밖을 보던 병오가 외쳤다.
"모두들 봐요! 바다에서 해가 떠오르고 있어요!"
가족 모두 처음으로 동해의 일출을 봤다.

당시 함흥시에는 일본 육군 제17사단 소속의 8000명의 병사가 주둔하고 있었고, 해안가의 흥남 지역에도 군수공장과 비료공장이 있었기 때문에 일본인이 많았다. 그들은 마을이 내려다보이는 언덕에 고급 주택가를 지어 살고 있었다.

영생고등여학교는 캐나다 선교회가 조선 소녀들을 위해 세운 역사 깊은 기독교계 중등학교였다. 그곳에서라면 자유롭게 진짜 교육을 할 수 있을 거라는 꿈을 품었지만, 그것은 안일한 생각이었다. 원홍구가 부임한 봄, 학교는 히노데고등여학교日出高等女學校로 명칭을 바꿨다. 모든 것을 일본화시키려는 총독부의 방침이었다.

일본은 미국과 영국을 적대시하기 시작했다. 두 나라가 일본과 전쟁 중인 중국의 편에 섰기 때문이다.

총독부는 기독교가 일본의 전쟁에 비판적인 입장이라는 이유로 학교에도 압력을 행사했다. 기도를 위해 종을 울리는 일이 금지되었으며, 예배당의 미사도 형식적인 것이 되었다.

원홍구가 있는 교장이란 자리 역시 허울뿐이었다. 일본 학교를 나온 조선인 교무주임이 학교 일을 대부분 관리했다. 그는 열정적인 친일 맹신자였기 때문에 원홍구는 괴롭지 않을 수 없었다.

점심시간에는 사이렌 소리를 신호로 승전을 기원하는 묵념을 하고, 월요일 아침 조례에서는 일장기를 게양했다. 엄숙하게 기미가요를 제창한 후 '황국신민의 맹세'를 큰 소리로 외쳤다. 그리고 일왕이 있는 궁을 향해 허리를 굽혀 두 번씩 절했다.

머리를 숙이며 원홍구는 빨치산이 되었다던 이수만을 떠올렸다. 그렇게 살면 속이라도 시원할 것 같은 생각이 들었다.

원홍구는 힘들게 일을 마치고 집으로 돌아와 방에 두 다리를 뻗으며 한탄했다.

"안주가 좋았구나……. 그곳이 차라리 자유로웠어."

부인은 위로의 말조차 할 수 없었다.

북방쇠찌르레기의 번식

병오가 5학년이던 1941년 겨울, 일본군이 하와이 진주만에 있던 미국의 태평양 함대를 기습하면서 태평양전쟁은 시작되었다. 남쪽으로는 홍콩과 싱가포르, 말레이반도를 공격했다. 학교에서 교장선생님이 들뜬 목소리로 외치고 다녔다.

"일본은 대동아공영권大東亞共榮圈[40]을 위해 백인과 싸우는 겁니다!"

그 때문에 병오도 동급생들과 함께 있는 힘껏 만세를 불렀다.

그러나 아버지는 당황한 눈치였다.

"이렇게 전쟁을 일삼다니, 내가 알던 일본의 모습이 아니야. 대체 어찌해야 좋단 말인가……."

병오가 없는 곳에서 혼자 중얼거리며 깊은 한숨을 내쉬었다. 많은 사람들도 그저 탄식하며 입을 다물 수밖에 없었다.

그럼에도 아버지는 연구를 계속 해나갔다. 일요일을 기다려 병오와 함께 동해안을 거닐며 조사를 겸했다. 어린 아들은 날랜 사냥꾼처럼 눈이 좋아 많은 도움이 되었다.

6월의 어느 날, 부자가 함남평야의 강가에 있는 마을을 걷고 있었다.

"아버지, 저게 뭐예요?"

은빛 화살처럼 새하얀 작은 새가 날아가고 있었다.

"그건 북방쇠찌르레기란다. 이상하군, 어째서 아직 이곳에 남아 있는 거지?"

은빛 새는 찌르레기와 비슷한 여름 철새였는데 서식지는 중국 동북부와 우수리 강 등지였다.

"어쩌면 번식 중일지도 모르겠어."

아버지와 아들은 함께 강둑에 주저앉았다. 제비가 어지러이 나는 가운데 여기저기서 검은등뻐꾸기의 소리가 들려오더니, 이윽고 은빛 날갯짓을 하며 북방쇠찌르레기가 돌아왔다. 입에는 지푸라기를 물고 있었다.

"이거 대단하군. 둥지를 만들고 있어! 자연의 풍요로움이란……."

아버지가 중얼거리는 사이 병오는 작은 새를 쫓아 농가의 나무 사이로 뛰어 들었다.

"아버지, 둥지를 발견했어요! 저쪽이에요."

소년이 가리키는 방향의 커다란 감나무를 보니 높은 곳에 둥근 구멍이 있었다. 아버지가 가까이 다가가자 구멍에서 하얀 머리가 밖을 내다보며 주변을 살폈다. 작은 새와 눈이 마주친 병오의 볼에 부드러운 미소가 떠올랐다.

"병오야, 새로운 발견을 했구나."

"진짜요? 역시 내 눈은 참 좋다니까, 만세!"

소년은 기뻐서 펄쩍 뛰었다. 이것이 조선에서의 북방쇠찌르레기 번식에 관한 최초의 기록이었다.

고집쟁이였던 병오는 공부에도 힘을 쏟기 시작했다. 함남중학교는 재수를 하지 않으면 안 될 정도의 명문이었지만 독서를 좋아하고 기억력도 뛰어난 병오는 18대 1의 난관을 뚫고 한 번에 통과했다.

병오는 미루나무에 둘러싸인 아름다운 교정에 부푼 가슴을 안고 입학했다. 배움에 대한 희망찬 기대감이 싹트고 있었다. 그러나 학교 복도에는 항공병과 전차병을 모집하는 포스터들이 덕지덕지 붙어있을 뿐이었다. 첫 수업은 '일본은 왜 전쟁을 하는가'에 대한 작문 시간이었다. 병오는 소학교에서 배운 대로 일본은 아시아의 맹주이며, 불멸이고, 위급할 때에는 신풍神風[41]이 분다는 내용을 적어서 제출했다.

병오는 종종 어머니의 부탁으로 만주에 있는 형에게 일본어로 된 편지를 보냈다. 한글로 쓰면 일본 관공서에서 일하는 아들에게 폐가 될까 어머니가 신경 쓰신 탓이었다.

서리가 내릴 무렵 형들이 어머니에게 족제비털 외투를 보내왔다. 깃털처럼 가벼운 아름다운 황색 모피에 어머니는 탄성을 자아냈다.

아버지에게는 안쪽에 늑대 털을 댄 코트가 도착했다. 원홍구는 멋쩍어하며 코트를 입어보고는 흐뭇하게 웃었다.

"어때, 만주의 부호처럼 보이려나?"

코트는 품이 커서 배 둘레가 헐렁했다.

"펭귄 같아요."

병오가 말하자 아버지가 어기적어기적 걸음을 흉내 내었다. 어머니와 병오는 웃음을 터뜨렸고 아버지도 연달아 함께 웃었다.

"제가 크면 더 좋은 걸 선물할게요."

병오가 말했다. 원홍구가 코트를 벗어 어머니에게 건네주는데 달그락하는 소리가 나서 살펴보니 코트 주머니에 사진과 작은 상자가 들어 있었다.

"내 거다!"

작은 상자 안에 들어 있는 검은색 만년필을 본 병오가 환호성을 질렀다.

"모두들 잘 크고 있나 보구나."

두 형은 이미 결혼해서 차례로 아이들이 태어났다. 병수 형이 쓴 편지가 워낙 재미있어서 모두들 소리 높여 웃었다. 아직 젊은데도 벌써 세 아이의 아버지가 된 둘째 형은 열두 명은 낳아야 한다면서 병오에게 '황금알을 낳는 새를 찾아줘'라고 글을 남겼다.

사냥철이 되면 원홍구는 엽총을 들고 조류 채집에 나섰다. 병오는 언제부턴가 아버지의 옆에서 표본 제작을 돕고 있었다.

"병오야, 제법 실력이 늘었구나."

"전 아버지 뒤를 이을 거예요."

병오의 말에 원홍구는 크게 기뻐했다.

게다가 학교에서도 커다란 조류 도감을 들고 틈만 나면 읽어댔다.

"또 새가 나오는 책을 보고 있네."

친구가 기가 찬 듯 말했다.

병오는 하루에 한 번이라도 도감을 보지 않으면 견딜 수가 없었다. 산새, 물새, 바닷새, 마을이나 공원에서 볼 수 있는 새들의 그림에 푹 빠져 설명을 반복해서 읽었다. 그 때마다 새로운 지식을 알게 되어 전혀 질리지가 않았다.

그러던 중 병오의 반이 군사교련 교관에게 기합을 받는 일이 생겼다.

"이런 걸로는 군인 검사에 통과할 수 없어! 야마토大和 근성[42]을 보여라!"

어떤 근성을 말하는 건지 병오는 도무지 짐작할 수가 없었다. 교관은 그저 무턱대고 호기를 부리는 것처럼 보였다.

인내

지원제였던 병사 모집 제도가 1944년부터 조선의 젊은이들에게 징병제로 바뀌어 적용되기 시작했다. 19세가 된 남자들은 강제적으로 신체검사를 받고 결과에 따라 징집되어 군인이 되어야만 했다.

"일본을 위해 죽으라니, 말도 안 돼."

많은 청년들이 산으로 숨어 들어가 가족들이 나르는 식량으로 목숨을 부지하고 있다는 소문이 퍼졌다.

그러나 시대가 바뀌었다면서 군대에 들어가는 젊은이들도 늘어나고 있었다. 순진한 그들은 학교에서 배운 대로 천황폐하를 위해 싸워야 한다고 말했다. 일본에서 대학을 나온 사람들은 총독부의 관리나 판사가 되어 우쭐대며 일본어를 쓰기도 했고, 일부는 같은 조선인을 괴롭히는 경우도 있었다.

"여보, 학교는 어때요?"

부인은 가끔 걱정되어 원홍구에게 말을 건넸다.

"괜찮아, 여보. 요즘 좋은 방법을 생각해냈어."

부쩍 등이 굽은 원홍구가 손으로 귀를 막는 시늉을 했다.

"상황이 안 좋을 때에는 이렇게 귀가 안 들리는 척 시치미를 떼는 거야."

"병오가 어릴 때 써먹었던 방법 말이죠? 그 아이는 불리하다 싶으면 우리말을 못 알아듣는 것처럼 행동했잖아요."

"맞아, 그거야. 그러면 일본말로 몇 번 되물어보긴 하는데 결국엔 교무주임이 짜증내며 알아서 일을 처리하거든. 나로서는 다행이지."

'훈시 하나 제대로 못하던데.'

'종군 간호사 모집 때에도 횡설수설 하더라고.'

'교무주임이 하라는 대로 하는 꼭두각시 교장이지.'

교무실에서 이런 뒷말이 도는 것을 원홍구는 알고 있었다.

그는 괴로울 때면 건물 밖으로 나갔다. 뒷짐을 지고 교정을 걷고 있으면 학생들이 금방 모여들곤 했다. 야단치는 교사가 없는 곳에서 학생들은 아름다운 조선말을 사용했다.

들꽃이 피어나기 시작하면 아이들이 입을 모아 질문했다.

"교장 선생님, 이건 무슨 꽃이에요?"

원홍구는 미소를 지으며 꽃의 일본 이름과 우리 이름을 모두 가르쳐 주었다. 유용한 식물은 그 쓰임새에 대해서도 알려 주었다. 여학생들은 그런 그를 자랑스러워했다.

'다른 선생님들은 전혀 모르던데 교장 선생님은 우리나라 식물에 대해서 하나도 빠짐없이 알고 계신단 말이야.'

원홍구는 유용식물을 표본으로 만들어 학생들과 복도에 전시하기도 했다. 그럴 때에는 쌩쌩해져서 마치 젊은 시절처럼 힘이 넘쳤다.

삼 년 동안 일본에서 유학했던 원홍구는 조선의 교육 수준이 매우 뒤쳐진다는 것을 깨달았다. 세계에 발맞춰 나갈 수 있도록 귀국하면 사람들에게도 좀 더 교육을 접하게 해야 한다고 생각하게 되었다. 교육으로 우수한 인재를 육성해서 다시 한 번 조국을 되살리자고 마음을 먹었다.

'지금은 참고 견뎌야 한다.'는 말도 입버릇처럼 했다.

그러던 중에 여학교에서 보이는 홍남 군수공장이 미국 폭격기에 의해 공습을 당했다.

"언제쯤 평화가 찾아올까……."

원홍구가 중얼거리며 학교에 가고 있는데, 트럭에 젊은 남자들이 가득 올라탄 채 달리는 것이 보였다. 그 중 한 명은 울고 있었다. 혹시 강제로 끌려가는 건가 싶었지만 입도 뻥긋하지 못하고 그저 보고 있을 수밖에 없었다.

당시 일본은 노동력이 점점 줄어드는 실정이어서 조선인을 강제로 잡아가는 일이 벌어지고 있었다. 밭을 일구다가 또는 길을 걷다가도 붙잡혀 가는 일이 빈번했다. 경찰이 트럭을 감시하고 있어서 가족에게 제대로 작별 인사도 하지 못하고 끌려간다는 소문이 돌았다.

하루하루가 불안한 날들이었지만 그래도 가족들에게는 경사가 두 가지나 생겼다. 어릴 때부터 머리가 좋았던 병일이 함홍의료대학에 합격해 의사를 목표로 하게 되었고 스무 살이 된 혜경은 홍남 공업학교의 수학교사와 결혼을 한 것이다.

　매형이 된 홍승철洪承哲이라는 키가 큰 사내가 양팔을 벌려 아우가 된 병오를 끌어안자 병오는 부끄러워 몸을 쭈뼛거렸다.

경복궁 경회루 앞에서 학생들과 함께 찍은 기념사진 속의 원홍구(가운데 중절모를 쓴 두 사람 중에 오른쪽)

헌병 대령의 협박

1945년 2월, 함남에 있는 도청에서 도내 소학교와 중학교 교장들이 모인 회의가 열렸다. 대부분 일본인이라 조선 사람은 매우 적었다. 회의의 주제는 전쟁에의 협력을 구한다는 암울한 내용이었다. 교장들은 입을 다문 채 얇은 은테 안경을 쓴 학무과장의 이야기를 듣고 있었다.

학무과장의 뒤쪽에는 육군 제복을 입은 다카쓰카사鷹司 대령이 군검을 지팡이 삼아 거만한 자세로 의자에 걸터앉아 있었다. 그는 도내 행정을 감시하는 헌병의 수장이었다.

갸름한 얼굴의 학무과장은 일본어 사용 현황에 대해 이야기를 꺼냈다. '부산과 서울 등 남쪽의 대도시는 평소에도 일본어를 많이 사용하고 있다, 특히 남대문시장은 조선어를 듣기가 어려울 정도다, 하지만 북으로 갈수록 그 수가 줄어 함경남도는 기차역 안에서도 조선어를 사용하고 있다, 소학교는 일본어 사용이 제대로 이행되고 있지만 고학년으로 올라갈수록 그 수가 줄어든다, 군수공장에 모인 학생들 중에 일본어를 더듬는 사람도 있었다, 이래서는 병사가 되어도 도움이 되지 못할 것이다, 교육을 어떻게 하는 것이냐'라며 질책했다.

혈색 좋은 일본인 교장이 입을 열었다.

"우리 학교에서는 조선말을 사용하는 학생에게 벌을 주었더니 성과가 오르고 있습니다."

자신의 모국어를 쓰는 사람을 체벌한다는 내용이었다. 일본어를 하지 못해 회초리를 맞을 불쌍한 학생들의 모습이 떠올라 원홍구는 고개를 저었다. 그것을 보고 수상하게 여긴 학무과장이 말을 걸었다.

"다니모토 선생님이었나요? 선생님은 어떻게 하고 있습니까?"

허를 찔린 원홍구는 작은 목소리로 대답했다.

"조선말을 사용하다 걸렸어도……, 다음부터 그러지 않겠다고 하면 괜찮지 않겠습니까."

"그게 무슨 뜻입니까?"

학무과장의 얼굴이 험상궂어졌다.

"일본어를 못한다고 벌을 주는 것은 교육적이지 않다고 생각합니다."

"아니, 그럼 어떤 식으로 하라는 겁니까."

찬물을 끼얹은 듯 조용해진 분위기에 적응하느라 원홍구는 학무과장의 뒤에 있던 대령의 표정이 무시무시하게 변하는 것을 발견하지 못했다. 그는 다시 한 번 조곤조곤 말했다.

"말이라는 것은 억지로 배울 수 있는 것이 아닙니다. 때린다고 해서 입에서 일본어가……."

그러자 갑자기 대령이 벌떡 일어나더니 서슬 퍼렇게 외쳤다.

"지금 무슨 소리를 하는 거야, 이런 비상사태에! 강제로 주입시키지 않으면 어떻게 가르치겠다는 건가! 당신 같은 교장 때문에 일본어가 널리 퍼지지 못하는 거야! 일본이 조선을 합병한지 벌써 몇 해가 지났는지 알아? 너 같은 놈은 당장 그만 둬야 해!"

원홍구는 책상에 푹 파묻힌 채 대령의 협박과도 같은 말을 모두 귀에 담아야 했다.

아들인 원병오는 당시의 일에 대해 이렇게 이야기했다.

"그는 잔인한 군인이었습니다. 다카쓰카사 대령 때문에 얼마나 많은 조선 사람들이 눈물을 흘렸는지 몰라요. 아버지는 회의에서 돌아오신 후 굉장히 침울해 보였습니다. 이삼일 정도는 가족들과도 거의 말을 나누지 않으셨지요. 그러다 갑자기 평안남도 덕천의 공립농업학교로 전근을 가라는 명령이 내려왔습니다. 좌천인 거죠. 평안남도 북단에 있는 그곳은 중국 국경에 가까운 산골 마을이었어요.

구로다 나가미치 박사에게 얘기했더라면 도움을 받을 수도 있었을 겁니다. 일본 후작侯爵인 구로다 박사가 어려울 때는 꼭 알려달라고 했었거든요. 하지만 아버지께서는 누구에게도 부탁하지 않고, 저를 누이가 있는 곳으로 보낸 후 어머니와 함께 덕천으로 옮기셨습니다. 학교에서 잘리지 않은 게 다행이라고 말씀하시더군요. 직장을 잃었더라면 입에 풀칠하기도 힘들었을 테니까요."

몰래 떠나려 했는데 함흥역에는 이미 몇 명의 여학생들이 마중 나와 있었다. 학생들은 눈물을 글썽이며 말했다.

"왜 그만두시는 거예요?"

"이유를 말씀해 주세요……, 선생님."

원홍구는 입을 다물고 있었지만 전근을 가게 된 이유는 이미 학내에 퍼진 상태였다.

"선생님은 우리말을, 우리들을 지키려다 내쳐지신 거야."

출발 경적이 울리고 열차가 움직이기 시작했다.

"가지 마세요!"

"원 선생님, 원홍구 선생님!"

다니모토가 아닌 본래의 이름을 부르는 목소리가 플랫폼에 가득 찼다. 원홍구 부부는 눈물을 흘렸다.

모국어는 더러운 것인가

험한 산세가 이어지는 낭림산맥에 큰 무지개가 걸렸다.

산 아래쪽에서 병오를 포함한 중학교 3학년생들이 모내기에 동원되어 있었다. 아이들은 바지를 걷어붙이고 허리를 굽혀 흥남평야에 모를 심어 나갔다.

"사토 선생님은?"

"저쪽 논으로 가셨어."

순찰을 도는 교사의 눈을 피해 학생들은 허리를 쭉 폈다. 근로봉사하는 학생들이 농로를 끼고 여기저기에 흩어져 있었다. 전쟁이 극심해지면서 학생들의 노동력을 동원하기 위해 공부조차 뒷전으로 밀리게 되었다.

"얼른 저녁이 됐으면 좋겠다. 이제 못 참겠어, 허리가 아파서 꼬부랑 할아버지가 될 것 같아."

"군수공장보다는 낫잖아. 흥남 공장에서는 여학생 하나가 죽었다고 하더라. 컨베이어 벨트 사이에 끼어서……."

"그렇게 위험한 일을 왜 여학생한테 시켰냐며 다들 엄청 열 받은 상태야."

"쉿, 선생님이 이쪽을 노려보고 있어."

아이들이 입을 다물었다.

병오는 죽은 여학생이 아버지가 근무하던 학교의 학생이 아니길 빌었다. 아버지는 학생들이 군수공장에 동원되는 걸 반대하는 입장이었다.

뜸 뜸 뜸 뜸— 북!

뜸 뜸 뜸 뜸— 북!

"개구리인가?"

강가에서 울음소리가 들려왔다.

"새소리 아냐? 그렇지, 병오야."

"응, 뜸부기야. 비둘기보다 조금 커. 일본에서는 쓰루쿠이나ツルクイナ라고 해."

"뜸부기가 풀숲에 사나?"

"그렇지."

"조심해. 우리말 쓰는 거 보면 사토가 난리치니까."

누군가 주의를 주었고 학생들은 다시 모내기를 시작했다. 이쪽저쪽에서 뜸부기 소리가 나고 있었다.

그날따라 이상하게 병오는 몸이 나른했다. 누가 묻는 말에도 귀찮아서 대충 대답했다.

"벼를 물어다가 둥지를 짓나 보네. 뜸부기 수컷은 머리가 새빨간 색인데……."

"그래? 그럼 사토랑 똑같네. 사토 얼굴도 빨간데."

병두의 말에 아이들이 웃었다. 일본에서 전임해온 사토는 얼굴이 불그스레한 편이었다. 바로 그 사토 선생이 뒤쪽에서 조용히 다가오고 있었다.

"앗, 등에다!"

소년 하나가 일어서서 등에를 쫓아냈다. 모내기에 질린 병두도 등에를 쳐다보고 있었다.

"병두, 넌 왜 등에처럼 놀고만 있어?"

병두가 놀고 있자 반장인 병오는 기분이 나빠졌다. 진흙이 묻은 손으로 이마를 훔치자 땀이 눈에 스며들었다.

"지금 뭐라는 거야. 네 꼴이나 제대로 보시지. 이마에 진흙이나 묻혀서는, 그럼 넌 까만 뜸부기냐?"

달변인 병두 앞에서 병오는 말문이 막혔다.

"이러쿵저러쿵 하지 말고 벼나 심어!"

"너야말로."

두 사람은 언제부턴가 모국어로 싸우고 있었다. 그러자 갑자기 성난 목소리가 들려왔다.

"조선말을 쓴 놈들은 이쪽으로 와!"

고개를 돌려보니 몽둥이를 어깨에 걸친 사토가 서 있었다.

풀이 죽은 병오와 병두는 농로에 올라가 엎드렸다.

사토는 소년들의 진흙투성이 종아리를 몽둥이로 내리쳤다.

"더러운 조선말을 하다니!"

그날 저녁 병오는 다리를 절뚝이며 누나 집으로 돌아왔다. 매를 맞은 탓인지 열이 오르고 몸이 아팠다.

조금 쉬어야겠다고 생각하며 쓰러지자 일어설 수가 없었다.

"병이라도 걸렸나?"

병오의 몸에 열이 오르고 전신에 붉은 반점이 돋아났다. 전염병의 발진과 비슷한 증세였다.

결혼한 지 얼마 안 된 혜경이 병오를 발견하고는 사색이 되었다. 당시에는 아파도 약을 제대로 구할 수 없었다. 함흥에는 이질의 일종으로 사망률이 높은 적리赤痢와 장티푸스가 유행하고 있었고 병원은 환자로 가득 찬 상태였다.

병오는 열에 들떠 '엄마'를 불러댔다.

"다리…… 다리가 너무 아파……."

사토에게 맞은 종아리가 시퍼렇게 멍들어 있었다. 고열로 숨을 몰아쉬는 병오를 보고 의사는 회복할 수 있을지 모르겠다며 고개를 저었다. 혜경은 죽을힘을 다해 동생의 돌봤다. 매형인 승철도 간호를 도우며 두 사람은 교대로 밤을 지새웠다.

며칠이 지난 밤, 병오가 낮은 신음소리를 내며 눈을 떴다. 아직 열이 남아 있어서 마치 눈 속에 파묻힌 느낌이었다.

"정신이 드니…… 이제 괜찮아?"

어머니인가 싶었지만 병오의 눈앞에 보인 것은 혜경이었다. 여기는 누나 집이라는 걸 알고는 정신이 들었다.

"병오야, 꿈이라도 꾼 거야? 잠꼬대를 하던데."

"……."

안주에서 엘로와 성벽을 뛰어다니고 새장을 든 채 경찰에게 쫓기는 꿈을 꾸었다.

"누나……."

"응?"

어둑하게 켜진 전구에 작은 나방이 날아들고 있었다.

"나, 우리말로 잠꼬대 했어?"

혜경이 미소를 지었다.

"조선어가 더러워?"

"아니, 그럴 리가 없지."

"그런데 왜……."

"얘기는 그만하고 쉬렴. 네 매형이 곧 우리말을 자유롭게 쓰는 날이 올 거라고 했어. 그러니까 병오야, 힘내자. 아프지도 말고."

"응, 그렇구나……."

소년은 조금이나마 안심하며 다시 깊은 잠에 빠져들었다.

독립 만세

여름방학이 될 무렵에서야 겨우 회복한 병오는 덕천에 계신 부모님을 방문했다. 어머니와 아버지는 병오를 보고 혼비백산했다. 아이는 고열로 앓은 탓에 머리카락이 죄다 빠져 있었다.

부모님 밑에서 안정을 취하던 중 히로시마에 신형 폭탄이 떨어졌다는 소식이 들려왔다.[43] 무서운 빛과 열로 인해 반경 2킬로미터 내의 사람은 모두 죽었다고 했다.

"일본은 지게 될 거야……."

소문은 입에 입을 타고 번졌고 병오는 혹시나 하는 기대를 품었다.

조선의 북부는 두만강을 사이에 두고 소련과 접해 있었다. 해안가인 청진 일대에는 닛테츠日鉄, 미쓰비시三菱 등 군수공장이 있었고, 인구 90만 중 6만이 일본인이었다. 근처 나남에는 북부 최대의 일본군 부대인 19사단이 자리 잡고 있었다.

1945년 8월 9일 이른 아침, 청진과 나남은 바다로부터 갑작스런 공격으로 불타올랐다. 안개 속에서 섬뜩해 보이는 군함이 나타났다. 우려했던 소련의 공격이었다. 일본인들은 간신히 남쪽으로 도망쳤다.

13일이 되자 소련군은 청진에 상륙했고 백두산을 넘어온 빨치산도 일본과 전쟁을 시작했다.

8월 15일 정오가 지났을 무렵 병오는 누군가 우리말로 외치는 소리를 들었다.

"만세, 만세! 라디오에서 방송이 나왔어!"

창밖을 내다보니 미친 사람처럼 두 팔을 휘저어가며 돌아다니는 사람이 있었다.

"일본이 무조건 항복을 했다!"

남녀노소 모두 반신반의하며 귀를 기울이고 있는데 큰 길에서 또 다른 젊은이가 역시나 우리말로 소리를 지르며 뛰어다녔다.

"독립이다, 독립!"

"가자! 가서 일본 놈들하고 경찰을 몰아내자!"

한쪽에는 몽둥이와 낫을 움켜쥐고 무서운 얼굴로 달려가는 남자들이 있었다. 일본 신사가 불태워지고, 거리 중심부에 있는 경찰서 부근에서도 검은 연기가 피어올랐다. 그동안 금지되어 왔던 태극기를 힘차게 흔드는 여성이 보였다. 사람들은 일본인 상점에 들이닥쳐 앞잡이로 위세를 부리던 이를 끌어내어 내동댕이쳤다.

병오는 얌전하던 사람들이 불같이 변한 것을 보고 몹시 놀랐다.

"정말 일본이 항복한 건가?"

병오도 뜨거운 것이 치밀어 올라 내달리고 싶어졌다.

학교에서는 일본에 위기가 오면 신풍이 불어온다고 했는데, 한 여름의 날씨는 뜨거울 뿐 바람 한 점 없었다. 대체 언제 신풍이 분다는 거지? 여기까지 생각이 미치자 병오도 열광하는 무리에 휩쓸려 "그 동안 속았다!"라고 외치고 싶었다.

"안 돼! 병오 너는 여기에 있으렴!"

어머니는 병오를 필사적으로 붙잡으며 놓아주지 않았다.

"일본이 졌다! 지금이 이 한을 풀 때다!"

사람들은 경찰이었던 자를 찾아내어 몽둥이찜질로 반죽음을 만들어 놓았다. 조선인 교사에게도 마찬가지였다. 젊은이들은 무리를 지어 날뛰기도 했다.

그날 밤에는 아버지가 학교에서 돌아오지 않았다. 걱정도 잠시, 다음날 아침이 되자 아버지는 무사히 집으로 돌아왔다. 함흥에서 좌천당한 것으로 알려진 원홍구를 건드리는 사람은 없었던 것이었다. 그는 흉흉하게 돌아다니는 사람들에게 휩쓸리지 않도록 하룻밤 학교를 지키고 있었다.

"아버지, 이제 어찌되는 걸까요?"

"독립하겠지. 예전처럼 우리들만의 나라가 되는 거란다. 새 연구도 좀 더 제대로 할 수 있을 거야."

아버지는 환하게 웃으며 가슴을 두드렸다.

"그럼 일본어가 아니라 우리말을 써도 되는 거네요."

어머니의 눈동자가 반짝반짝 빛났다.

"길었구나……. 참으로 길었어."

어머니가 두 손을 모았다.

"역시 하늘에서 모두 내려다보고 계신 거야. 당신도 병오도 모두 함께 기도해요."

"그래, 감사의 마음을 담아서 기도하자."

부모님은 조용히 고개를 숙였고 병오도 얌전히 따라 했다.

동네 이곳저곳에서 종이를 태우는 불과 연기가 활활 피어올랐다.

"일본어 책은 모두 태워버려!"

누군가 말하자 말이 꼬리를 물고 퍼져 나갔다.

사람들은 일본어로 쓰인 책들을 집 밖에 쌓아놓고 불을 질렀다. 타오르는 불빛을 보는 사람들의 얼굴이 빛나고 있었다. 36년간 이어졌던 고통으로부터 해방되는 광복의 날이었다.

조선총독부는 붕괴되었고 일본어를 쓰는 자들도 사라졌다.

병오는 병을 앓은 뒤 요양하면서 일본어로 된 전문서적을 탐독했다. 사람들에게 들키는 건 무서워도 책을 향한 마음을 접을 수가 없었다. 원홍구의 서재에는 동식물 도감과 전문서적이 여러 권 있었다. 대부분이 일본어로 되어 있었지만, 원홍구는 책을 지식의 보고라 여겼기 때문에 태우지 않았다.

병오는 구로다 나가미치 박사의 원색 일본조류 도감[44)]을 몇 번이고 읽어댔다. 도감에는 몇 백 종에 달하는 새들의 그림이 실려 있었다. 병오는 특히 조선에서 발견된 원앙사촌의 모습에 마음이 흔들렸다. 아름다운 원앙사촌 한 쌍이 금방이라도 일어나 움직일 것처럼 고개를 들고 있었다.

"이 새는 우리나라에 더 이상 오지 않나요? 멸종된 건가요?"

병오가 아버지에게 물었다.

"아, 원앙사촌이구나."

아버지는 미소 지으며 아들의 어깨를 다독였다.

"아직 시베리아 어딘가에 남아 있을지도 모른단다. 살아 있다면 언젠가는 건너오겠지."

"그럼 저는 우리나라를 돌아다니며 찾아볼래요."

병오의 가슴에 커다란 꿈이 생겨나는 순간이었다.

총에 맞은 병수

서울에는 건국준비위원회가 생기고 라디오에서는 새로운 나라를 만들자고 호소하는 소리가 흘러나왔다. 전국 각지에 있는 건국준비위원회는 일본인이 지배했던 회사, 공장, 학교, 신문사를 운영하기 시작했다.

9월 6일, 서울에서 전국인민대표자회의가 열려 조선인민공화국의 수립을 선언했다. 그러나 미국은 이것이 소련의 영향 아래에 이루어진 일이라며 인정하지 않았다. 미군은 사람들에게 해산을 명하고 따르지 않는 자들은 체포했다. 소련군은 미국에 대항해 평양에 주둔하고 있었다.

원홍구는 일본으로부터 해방과 동시에 나라가 독립할 거라 믿었지만 한반도는 북위 38도 선을 경계로 둘로 나뉘어졌다. 남쪽은 미군, 북쪽은 소련군의 지배하에 놓였다. 원홍구와 가족들은 갈팡질팡할 뿐 아무것도 할 수 없었다.

한반도에 남아 있던 일본인 90만 명 중, 북쪽의 20만은 귀국하는 것이 쉽지 않았다. 전쟁을 막 시작한 소련군은 일주일 사이에 북위 38도 선을 봉쇄하고 많은 일본인 남자들을 포로로 삼은 뒤, "다모이, 다모이 to home"[45]라고 속여 소련으로 보내 몇 년 동안 노동력을 착취했다. 귀국하려던 일본인 여성들도 마찬가지로 소련 병사들에게 시달렸다. 난폭한 병사들은 짐을 약탈하기도 했으며 저항하면 살해하기까지 했다.

노숙을 하며 수십 킬로미터를 이동하던 일본인들은 조선 사람들의 도움으로 살아남았다. 해방 당시의 광폭한 분위기가 안정되면서 많은 조선 사람들이 정이 두터웠던 원래의 성정으로 되돌아왔다. 그들은 증오의 감정을 뛰어넘어 굶주린 일본인에게 먹을 것을 나눠 주고 쓰러진 사람을 돌봐 주었다.

만주에 있던 장남 병휘가 부인과 아이 넷을 데리고 겨우 귀국했다. 둘째 병수는 돌아오지 못하고 그의 부인과 세 아이만 돌아왔다. 홀몸이 아닌 병수의 부인은 울고 있었다. 병수가 일본인으로 오해받는 바람에 총에 맞아 목숨을 잃었기 때문이었다.

전쟁이 끝나기 며칠 전, 병수는 한 청년과 함께 30킬로미터 떨어진 내몽골자치구에 있는 카이루開魯라는 곳에 모래쥐를 채집하러 나섰다. 사막에 사는 모래쥐는 성격이 온순해 페스트 실험동물로 사용되고 있었다. 그렇게 사막에서 모래쥐를 잡던 중 두 사람은 해방의 날을 맞이하게 되었다.

"일본인이냐? 거기 서!"

중국인 병사가 둘에게 총을 겨눴고, 병수는 자기도 모르게 도망치는 바람에 둔덕을 넘다 총에 맞았다. 함께 있던 청년이 급히 뛰어갔지만 이미 손쓸 수 없는 상태였다.

시국이 혼란스러운 탓에 장남 병휘는 먼 내몽골까지 동생의 안부를 확인하러 갈 길이 없었다. 일본인에게 원한을 품은 자들은 폭도처럼 변해 있었고, 거리 여기저기에는 검은 연기가 피어올랐다.

방역연구소에 있던 병휘 역시 친일파로 내몰릴지도 몰라 옷과 먹을 것을 짊어진 채 가족들을 데리고 간신히 기차에 올랐다.

"병수야……. 일본인도 아니면서 왜 도망을 친 거니……."

어머니는 혼자가 된 며느리의 손을 잡고 울었다. 그때부터 어머니는 혹시라도 아들이 돌아오지 않을까 하는 마음에 문 앞을 서성였지만 병수가 돌아오는 일은 없었다. 서른이라는 짧은 생이었다.

"일본 연구소 같은 곳에 들어가지 않았더라면 죽지 않았을 텐데……."

소탈하고 웃음이 많은, 늘 사람을 즐겁게 해주던 병수를 떠올릴 때마다 어머니는 눈물지었다.

가짜 김일성

1945년 10월 14일, 며칠 전부터 '김일성 장군 환영 평양 군중대회'[46]라는 삐라가 뿌려지더니 평양 모란봉 공원에 수만의 군중이 모였다. 무대에는 소련군의 사령관들도 참여해 있었다. 스피커에서 큰 소리가 울렸다.

"지금 백두산의 항일 해방 전쟁에서 승리한 영웅, 김일성 장군이 등장합니다!"

사람들이 마른 침을 삼키며 쳐다보자 무대에 젊은 청년이 나타났다. 나이가 좀 더 들었을 거라 예상했던 사람들은 의외의 인물에 어리둥절해 했다. 김일성이라 불린 청년은 두 손을 들어 올려 해방 만세의 전언을 낭독하고 소련군 장교들의 경호를 받으며 자동차로 자리를 떠났다.

"빨치산 김일성이 저렇게 젊을 리가 없어."

"진짜 김일성은 벌써 예순이 넘었을 텐데……. 소련군이 자기네 입맛대로 바꿔치기했나 보군."

사람들이 웅성거렸다.

소련군 측에서 러시아어에 능통한 조선계 소련 장교를 김일성이라고 내세웠다는 소문이 돌았다.[47] 하지만 그런 이야기를 입 밖에 내는 자는 엄벌에 처해졌다. 김일성이라는 젊은이는 소련의 강력한 지지를 받으며, 반대하는 사람들을 제거하고 북한의 독재자로 자리 잡았다.

비슷한 시기 서울에서는 미군을 등에 업은 이승만이 남쪽 단일 국가를 수립할 계획을 세우고 있었다. 남북의 대립은 심각했다.

"소련하고 미국은 쓸데없는 짓 하지 말고 조선의 일은 조선 사람들에게 맡겨라!"

1945년 평양 군중대회에서 처음 모습을 드러낸 김일성

이렇게 주장하는 사람들은 쥐도 새도 모르게 위협을 받았다.

해방 다음해 10월, 북한에는 김일성의 이름을 딴 첫 대학이 설립되었다.

교수진으로 모스크바에서 온 10여 명의 러시아인도 포함되어 있었다. 처음에는 학생이 1500명, 북한 각지에서 모인 교수들이 60명 정도였다. 그 중에는 환갑에 가까운 원홍구도 있었다. 수염이 희끗희끗해졌지만 얼굴은 희망으로 가득 차 있었다.

원홍구는 4000점이 넘는 귀중한 조류 표본을 전부 김일성대학에 기증했다.

"여보, 당신이 말했던 대로 표본이 제 역할을 하게 되었네요."

"그래, 정말 잘 됐어."

부부의 얼굴에 아름다운 미소가 떠올랐다. 평생에 걸쳐 모은 것들이 드디어 국가의 기초학문에 기여하는 순간이었다.

원홍구의 가족은 예전에 일본인이 살던 주택을 거주지로 삼을 수 있었지만, 대학의 급여가 너무 적은 탓에 식량은 늘 부족했다. 어쩔 수 없이 약간의 쌀에 조와 수수, 콩을 섞어 밥을 지었다. 한창 먹을 나이인 병오가 늘 배고파하는 것이 어머니는 속상했다.

'식민지 시대를 청산하자'는 슬로건에 맞춰 일본의 앞잡이가 되었던 사람들은 민중의 심판을 받게 되었다. 원홍구도 친일파로 분류되어 수업을 맡을 수 없었다. 대학에서 사용하고 있는 소련의 교과서를 한글로 번역하는 일만 담당했다.

"어째서 항일 운동에 참가하지 않았지?"

원홍구는 그저 고개를 숙일 뿐이었다.

조류 연구로 조국에 온 힘을 다하려 했다고 말해 봐도 소용없었다. 남몰래 빨치산을 지원하고 있었지만 아무도 알아주지 않았다. 따지고 보면 지배자의 명령에 '예예'거리던 한심한 교사였다. 그저 부인과 다섯 아이를 지키는 것이 고작이었다.

빨치산이나 항일 운동으로 형무소에 들어갔던 사람들이 원홍구를 취조했다.

그는 조국의 해방을 위해 매일 신에게 기도했다 말하고 싶었지만 참았다. 북한에서는 기독교를 금지했고, 불교도 마찬가지였다. 사회주의를 지향하는 북한은 종교가 독이라고 가르쳤다.

신부님들이 모두 남쪽으로 내려갔다는 이야기를 들은 어머니는 큰 충격을 받았다. 기쁨도 슬픔도 모두 성당에서 나눴기에 마음 기댈 곳이 없어진 그녀는 침울해 하면서도 성경을 손에서 놓지 않았다. 작은 목소리로 찬송가를 부르고 하느님께 남편과 아이들을 지켜주십사 기도 드렸다.

어느 날 정부의 선전물에서 보이던 남자가 대학에 있는 원홍구를 찾아왔다.

"선생님, 저 기억하십니까? 선생님 덕분에 오늘의 제가 있을 수 있었습니다. 개성의 중학교에서……."

"오오, 자네는 정준택鄭準澤[48] 군이 아닌가!"

기억력이 좋은 원홍구가 눈앞의 인물을 떠올렸다. 정준택은 위험사상을 지닌 자로 분류되어 퇴학을 당할 뻔한 학생이었다.

'천황이 구름 위에 있다니 어이가 없군.'이라고 말한 것을 누군가 고자질한 것이었다. 그때 원홍구는 정준택과 함께 교장의 집을 방문해 용서를 구하며 퇴학만은 면하도록 도와주었다.

"무슨 일이 있어도 공부를 그만둬선 안 돼."

원홍구는 무너지려는 소년의 어깨를 꽉 안으며 타일렀다.

후에 북한의 부총리에 오르는 정준택은 원홍구가 많은 학생들을 감싸주고 격려했던 일을 당국과 정부에 보고했고, 당국은 그제야 원홍구의 성품을 파악해 김일성대학에서 생물학을 강의할 수 있도록 허락했다.

제4장
:

한국전쟁

미국과 소련의 대립

제2차 세계대전에서 동맹을 맺고 나치 독일과 싸웠던 미국과 소련의 관계는 서로가 내세우는 근본사상인 자유주의와 사회주의의 대립으로 치닫고 있었다. 미국은 한반도에 동맹국을 세우려 했고, 소련은 그것을 저지하고자 치열하게 싸웠다.

미국과 소련은 서로를 비난하기 시작했다. 냉전이었다.

"태평양전쟁에서 미국은 4년 동안이나 일본과 싸워 큰 희생을 치르며 승리했어. 소련은 며칠이나 싸웠지? 일주일이야. 겨우 그 정도로 참견하지 말라고 해."

"소련군이 주둔하는 것은 한반도의 해방을 위해서야. 김일성 장군의 요청으로 말이지."

"김일성? 그 애송이는 스탈린이 데려온 가짜야. 그야말로 전형적인 괴뢰지!"

"이승만이야말로 양키의 꼭두각시잖아. 시건방진 독재자 같으니라고."

대립은 증오가 되었고 삼팔선에는 불온한 기운이 감돌기 시작했다.

해방되던 해의 12월, 조선은 5년간 미국과 소련에 의한 신탁통치가 결정되었다. 36년간의 식민지 생활에서 해방된 후 무엇보다 독립을 바라던 조선 사람들에게는 참을 수 없는 일이었다. 남쪽에서 반대하는 사람들이 들고 일어섰다.

"조선은 어느 나라에게도 지배당하고 싶지 않다. 독립해서 중립국이 되자!"

그러나 그렇게 모인 사람들은 폭도로 몰려 억압당했다.

미국은 소련의 반대를 억누르고 조선의 문제를 유엔까지 끌고 갔다. 그리고 유엔의 감시 하에 총선거를 실시해 국민정부를 세우기로 결의해 버렸다.

김일성이 유엔의 개입을 거부하자, 유엔은 남쪽에서만이라도 선거를 실시하기로 했다. 당시의 유엔은 미국의 영향력이 매우 컸기 때문에 '미국의 유엔'이라고 불렸다. 한편 소련은 남쪽의 군대가 채 정비되지 않은 사이에 몰래 김일성에게 500대의 전차를 보내 강력한 북조선인민군을 키우는 데 조력했다.

병오는 수의학을 배우기 위해 김일성대학 농학부에 들어갔다. 아버지의 뒤를 잇는 학자가 되기에는 그곳에 입학하는 것이 가장 빠른 방법이었다. 일본인이 거의 사라진 북쪽 마을은 겨우 안정을 되찾은 상태였다.

1948년 여름방학, 병오는 대한민국이 수립되었다는 뉴스를 들었다. 미국이 선동하여 남쪽만 선거를 치렀다고 했다. 수도는 서울, 대통령은 이승만이었다. 그는 미국에 망명해 있던 정치가로 일본을 싫어하며 사회주의와 공산주의를 혐오하기로 유명했다.

나라가 둘로 나눠지는 것을 반대하는 사람이 적지 않았으나 미국은 신경 쓰지 않았다.

북쪽도 같은 해에 평양을 수도로 삼고 조선민주주의인민공화국의 수립을 선언했다. 소련과 같은 사회주의 나라가 탄생된 것이다. 수상은 김일성이었다.

혜경은 남편 홍승철이 서울중학교로 전근하는 바람에 서울에 머물렀다. 게다가 사촌인 정鄭 씨 일가도 서울에 있었다. 두 개의 정부가 생겨났지만 삼팔선은 아직 그럭저럭 왕래가 가능한 상태여서 우편물도 주고받을 수 있었다.

미국은 대한민국을 지지하며, 한반도의 유일한 합법적인 정부로 유엔총회에서 인정받게 했다. 남쪽에서 조국의 통일과 독립을 외치던 사람들이 대규모 총파업을 일으키는 등 유엔의 방식에 반대했다.

얼마 안 있어 중국대륙에도 마오쩌둥毛澤東을 주석으로 내세운 사회주의 국가, 중화인민공화국이 수립되었다. 북한은 거리 이곳저곳에 빨간 깃발을 달고 형제국의 탄생을 축하했다. 세계 인구의 삼분의 일이 사회주의의 영향 아래 살게 되었다.

미국의 지도자는 사회주의가 퍼져가는 것을 염려한 탓에 둘로 나뉜 독일, 둘로 나뉜 중국, 둘로 나뉜 조선, 결국에는 베트남마저 둘로 만들었다. 자유를 지키기 위해서라는 미명 아래 군사기지를 설치하고 사회주의를 봉쇄하고자 했다.

이러한 와중에 한국의 정치와 경제는 구렁텅이로 빠져들고 있었다. 인플레이션과 식량난으로 수백만의 실업자와 가난한 농민은 고통에 시달렸다. 미국의 원조가 없으면 이승만 정부는 곧 무너질 것처럼 보였다.

한국 정부를 반대하는 운동은 점점 더 거세져 갔다. 이승만은 이같은 상황이 북한의 선동 때문이라 말하며 무력으로 북한을 통일해야 한다고 주장했다.

당연히 북측도 경계를 강화했으므로 삼팔선 부근에서의 남북 경비대 사이에 사소한 분쟁이 빈발해졌다. 경계를 통과하는 것이 어려워져 우편물도 더 이상 교환할 수 없었다.

남쪽의 사정은 어려웠지만, 북쪽에서는 소련의 지원으로 농업활동이 회복되고 주요 식량이 조달되었다. 원홍구 가족의 식탁에도 고기나 달걀, 야채 등이 올라왔다.

김일성의 야망

1950년 5월이 끝날 무렵, 넷째 병일이 결혼했다. 신부로 맞이한 미숙美淑은 병일과 동갑인 스무 살의 나이에 보조개가 귀여운 여자였다.

"이젠 병오만 남았네, 힘내라."

친척들의 말에 병오는 얼굴을 붉혔다. 신혼부부를 중심으로 가족들은 기념사진을 찍었다. 착하고 밝은 성격의 신부를 맞이한 인민병원의 젊은 의사 병일은 시종 싱글벙글거렸다.

6월, 병오는 함흥에서 가까운 원산에 자리를 잡고 있었다. 김일성대학은 건물이 부족해 여기저기에 흩어져 있는 구조였다. 병오는 러시아인 교사로부터 언어를 배웠다. 어학을 좋아했던 병오는 러시아어 시험에서 몇 번이나 만점을 받았다. 그런 이유로 조선어에 서툰 러시아 교사들을 도와주다 보니 러시아어로 일상 회화를 할 수 있게 되었다. 병오는 사람들로부터 장래가 유망한 젊은이라는 칭찬을 받고 기뻐했다.

어느 날 친구가 창밖을 보라며 병오를 불렀다.

"저거 봐, 굉장하다! 전차가 엄청 많아!"

미루나무 가로수 너머에서 수십 대의 전차가 남쪽으로 향하고 있었다. 흙먼지를 일으키고 굉음을 내며 전진하고 있었다. 전차를 향해 아이들이 손을 흔들었다.

"이상하네, 무슨 일이라도 있나?"

누군가가 중얼거렸다.

신탁통치의 종결이 가까워져 오고 있어서 소련군은 철수를 시작했고, 미군도 500명의 고문단을 제외하고는 귀국한 상태였다.

우중충하게 비가 내리던 6월 25일 일요일, 오전 10시경 북조선의 라디오에서 임시뉴스가 흘러나왔다.

"오늘 오전 5시, 남쪽의 군대가 38도선의 넘어 침입하여 공격을 감행했다. 우리 군은 이에 즉시 항전했다."

병오는 늘 있던 분쟁일 거라고 생각했다. 그러나 왠지 나쁜 예감이 들어 라디오를 계속 켜두었다.

오후가 지나자 갑자기 음악이 멈추고 김일성 수령의 큰 목소리가 들려왔다.

"기습 공격한 이승만의 군대는 우리 군의 반격으로 패주하고 있으며, 우리 군은 이 기회를 이용하여 남쪽 형제들의 해방과 조선의 통일을 위해 노도와 같이 남진한다. 모든 인민은 이 거룩한 전투에 다 함께 일어나자!"

병오는 숨을 들이켰다.

같은 민족끼리 피를 흘린 한국전쟁의 시작이었다.

미국 대통령 트루먼은 이 전쟁을 김일성이 일으킨 것이라 판단

하고 즉시 무력으로 대응할 것을 선언했다.

"연합군을 보내 북한군을 삼팔선까지 쫓아내야 한다."

유엔안전보장이사회는 미국이 제안한 결의안을 가결시켰다.

북한군은 소련의 T-34전차를 주력으로 삼팔선을 넘어 진군해 왔다. 한국군은 미국의 대전차포로 대응했지만 실패하고 남하하기 시작했다.

3일 후, 서울을 함락한 북한군은 계속해서 남쪽을 향했다. 연합군 최고사령관에는 미국의 맥아더 장군이 임명되었다. 일본점령군의 최고사령관이기도 했던 그는 일본 내에 있던 미군을 연합군의 이름으로 출전시켰다.

김일성은 유엔기를 펄럭이는 미군과 싸우겠다는 결의를 다진 것 같았다.

학생들에게도 징집 명령이 내려왔다. 병오는 아직도 배우고 싶은 것이 많아 무척이나 아쉬웠다. 대학은 앞당겨 졸업식을 진행했고 졸업시험은 대학 교내에 있던 느릅나무 밑에서 어수선하게 진행되었다.

"목숨을 소중히 해라, 알았지? 너는 앞으로 훌륭한 동물학자가 될 거야. 그러니 전쟁이 끝나면 대학으로 돌아오렴."

교수는 졸업하는 병오의 손을 굳게 마주 잡아주었다. 7월 18일의 일이었다.

병오는 곧바로 평양가축위생연구소로 배속되었다.

북측 라디오에서는 인민해방군과 함께 일어나서 이승만 정권을 타도하자고 끊임없이 남쪽으로 호소하는 소리가 흘러나왔다. 그러나 남쪽에서 해방군에게 호응하는 사람들은 없었다.

미군이 전선에 투입되었지만 아직도 북한군이 우위를 점하고 있어 한미 연합군은 한반도의 남단인 낙동강 끝까지 밀려나갔다. 이대로는 패배할 거라 생각한 맥아더 장군은 급히 워싱턴에 강력한 부대를 요청했다.

한편, 병오는 인민방위 제22여단 수의부 중위로 임명되어 10명의 부하와 함께 수원에 있는 농과대학에 파견되었다. 그곳을 경비하는 것이 임무였다.

수원은 주변이 산으로 이루어진 분지 지형으로 오래된 성곽이 남아있는 곳이었다. 거리에는 버드나무 가지가 늘어져 있어 전쟁의 모습은 비치지 않는 평온한 분위기였다. 거리의 중심부는 돌로 이루어진 성벽에 둘러싸여 있고 입구에는 기와를 얹은 우뚝 솟은 성문이 있었다. 도시를 흐르는 강에는 일곱 개의 아치로 이루어진 아름다운 화홍문華虹門[49]이 보였다. 병오의 부대는 순찰을 돌면서 자주 그곳을 지나갔다.

어느 날 화홍문에 도착했는데 대여섯 명의 남자가 팔을 뒤로 묶인 채 잡혀 있었다. 목에는 '인민의 적'이라고 쓰인 종이가 매달려 있었다.

"이 놈들은 일하지 않고 놀고먹는 녀석들이다!"

"우리의 고혈을 빨아먹는 놈들이야!"

보안대保安隊50)가 가리키는 곳에는 곧 숨이 끊어질 것처럼 보이는 남자가 있었다. 주변을 둘러싸고 있던 사람들 사이에서 누군가 소리쳤다.

"저놈에겐 원한이 있으니 내가 못 걷게 만들어 버리겠어!"

그 뒤쪽으로 가족처럼 보이는 여자들이 울고 있었다.

병오는 한숨을 내쉬었다. 해방되었을 때에도 이런 분위기였다. 붉은 완장을 차고 보안대라 칭하던 젊은이들이 부패한 놈들을 처단한다며 날뛰고 다녔었다. 그때도 지위가 높은 사람이 맞아 죽거나 당장 집을 비우라는 고성에 울부짖는 가족들을 볼 수 있었다. 세상이 뒤집히면 늘 이런 식인 건가 하는 생각이 들었다.

병오는 부하에게 신호를 보내 화홍문을 떠났다. 성벽을 따라 완만한 언덕을 오르니 문득 어릴 적 기억이 떠올랐다.

'고향으로 돌아가고 싶다. 전란이 끝나면 안주로 가야지. 성터에 누워서 종달새 소리가 듣고 싶구나.'

그로부터 며칠 후, 병오는 연락 차 서울에 있는 사령부로 가게 되었다. 북측이 점령한 서울의 커다란 건물에는 붉은 깃발이 휘날리고 있었다. 여기저기 김일성과 스탈린의 대형 포스터가 붙어 있었다. 치안은 잘 유지되었고 동대문 시장도 개방된 상태였다.

병오는 혜경을 만나고 싶었다. 전염병에 걸렸을 때 자신을 극진히 간호해 준 누나를 아직까지 만나지 못한 상태였다. 편지 왕래가 두절된 지 두 해가 넘었다. 어머니는 혜경의 아기가 태어났을 거라며 많이 걱정했다.

그러나 시간이 모자란 탓에 겨우 휘갈겨 쓴 엽서만 부칠 수 있었다.

> 혜경 누나, 저는 수원에 있는 부대에 머물고 있습니다. 부산이 함락되면 전쟁도 끝날 거라고 하네요. 어서 평화가 찾아왔으면 좋겠어요. 보고 싶은 누나, 맛있는 음식 들고 면회라도 와주세요.
>
> 병오

그 날도 까치가 수원성 위를 날고 있었다. 날갯짓하며 날아가는 까치를 보면서 병오는 누나를 생각했다. 엽서를 보낸 지 열흘이 넘었지만 어쩐 일인지 누나로부터는 전혀 소식이 없었다.

수원의 장안문 시장에는 머리에 채소 바구니를 얹은 여자들이 오가고 있었다. 시장의 분주한 사람들 사이로 보이는 맑은 하늘, 이곳은 아름다운 초가을로 접어들고 있었다.

인천상륙작전

1950년 9월 15일 아침, 갑자기 수원 하늘에서 폭격이 시작되었다. 놀란 시장 사람들은 머리에 이고 있던 채소 바구니를 내팽개치고 달아났다. 검은 짐승 같은 모습의 미군 전투기가 기관총을 퍼부었다.

한바탕 쏘아댄 전투기 때문에 장안문의 큰 지붕이 날아가고 시장의 아낙네들이 상처를 입었다. 맥아더는 서울에서 20킬로미터 떨어진 서해안의 인천에서 상륙 작전을 감행했다. 미군은 상륙용 보트로 전차와 장갑차를 상륙시켜 200만 시민이 사는 서울로 돌입했다. 격렬한 시가전이 벌어지면서 검은 연기가 피어나고 화재가 발생했다. 도망치려던 시민들은 울부짖었고 방심하고 있던 북한군은 열세에 몰렸다.

부산에 거의 다다랐던 북한군은 뒤쪽에서 나타난 미군 때문에 후퇴하기 시작했고, 병오의 부대 역시 철수하게 되었다. 하늘 가득한 미군 전투기가 저공비행을 하며 계속 총을 쐈지만 북쪽에서 그들을 요격하는 비행기는 없었다. 병오의 부대는 뿔뿔이 흩어지게 되었다. 총에 맞은 사람들을 옮길 시간조차 없었다.

남쪽에서 북한군이 사라지자 '인민의 적'을 매달던 보안대는 지하로 숨어들었다. 도망갔던 경찰이 복귀하더니 이번에는 보안대를 색출하기 시작했다. 북한군은 북으로 후퇴하고 미군이 삼팔선까지 전진했다. 연합군의 목적이 달성된 것이다.

맥아더 장군은 이에 그치지 않고 전 국토의 회복을 목표로 전군에게 삼팔선 돌파를 명령했다. 유엔총회도 미국의 요청을 승인했지만 이 결정은 결국 커다란 비극을 낳게 된다. 500만에서 1000만에 이르는 이산가족을 만들게 된 것이다.

중화인민공화국은 삼팔선을 넘어 공격해 오는 것은 중국에 대한 위협이라고 연합군에게 경고했다. 하지만 오직 소련만 경계하고 있던 미국은 중국의 참전에 대해 예상하지 못했다.

연합군의 기동부대는 달아나는 북한군에게 기관총을 퍼부으며 쫓아갔다. 인민군이 들어선 마을은 맹렬한 포화로 불태워버렸다.

"산으로 도망쳐, 산으로!"

병오는 험준한 바위산을 오르며 능선을 타고 도망쳤다. 산을 넘어 다른 마을에서 식량을 구하려 하면 금세 적의 전차 부대가 쫓아왔기에 굶주린 채 다시 산을 탈 수밖에 없었다.

도라지와 마타리가 핀 산길에 비가 내리기 시작했다. 동료들은 흠뻑 젖은 채 둘, 셋 뿔뿔이 흩어지고 말았다. 병오는 다행히 산골에 있는 외딴집을 발견해 친절한 주인에게 죽 한 사발을 얻어먹고 외양간에 몸을 숨겨 잠을 청했다.

전투기에 발각되면 발포 당할 것이 분명했기에 어두워지길 기다렸다가 이동했다. 병오는 생콩을 갉아 먹으며 허기를 달래다가 심한 복통에 시달리기도 했다. 오로지 기력으로 강을 건너고 산을 넘었다. 20만 이상의 북한군 병사가 연합군의 포로가 되었다.

부모님의 피난처로

10월 10일, 시꺼먼 연기가 피어나며 북한의 수도인 평양이 함락되었다. 그날 병오는 수척해진 모습으로 평양 외곽에 있는 양친의 피난처에 도착했다.

"아버지!"

"누구냐? 병오가 아니냐!"

원홍구는 문 앞에 서 있는 사람을 보고 깜짝 놀랐다. 달랑 옷만 걸치고 도망쳐 온 아들은 피골이 상접했다.

"폭격으로 김일성대학이 불타는 걸 봤어요. 아버지, 혹시 표본이 어떻게 되었는지······."

거기까지 말하고 쓰러지는 병오를 어머니가 다급히 안아 들었다.

"어머니, 다녀왔습니다······. 서울까지 갔지만 혜경 누나는 만나지 못했어요. 선물도 가져오지 못했네요. 아무것도······."

"아이고, 불쌍한 내 아들."

"죄송해요, 어머니."

일어설 힘도 없는 병오는 어머니에게 안긴 채 쓰러졌다.

"더 이상 전쟁터에는 보내지 않을 거예요. 이 아이에겐 군인 같은 건 어울리지 않아요."

아들의 야윈 얼굴을 보며 어머니는 눈물을 뚝뚝 흘렸다.

연합군이 마을에 들어오자 패잔병 색출이 대대적으로 시작됐다. 자수하지 않는 사람은 총살시킨다는 이야기가 돌았다. 병오는 몹시 쇠약해진 상태라 움직일 수조차 없었다.

아버지는 너덜너덜해진 아들의 군복을 태우며 하늘에 모든 운을 맡겼다. 병오는 집안 가장 안쪽 방의 짐 사이에 숨어 지내며 몇 날 며칠을 정신없이 앓아 떨어졌다. 꿈속에서 필사적으로 도망치다가 소리를 지르며 깨어나면 땀에 흠뻑 젖어 있었다. 어머니가 계속 병오의 곁을 지켜 주었다.

"괜찮아, 병오야. 하느님께서 꼭 지켜주실 거야."

어머니는 성경을 읽으며 병오의 손을 꼭 잡았다.

"애초에 일본의 침략만 아니면 이런 일은 일어나지 않았을 텐데……."

그녀는 아들을 간호하며 한숨을 내쉬었다.

'일본의 식민지 지배가 없었더라면 미국이나 소련이 조선에 들어오는 일도 없었을 것이고, 한반도가 둘로 나뉘어 대립하지도 않았을 것이다.'라는 말이 많은 사람들에게 한이 되어 아직도 되뇌어지고 있었다.

병오는 연합군이 무서웠지만 정신을 차리니 부대가 걱정되었다. 하지만 부대는 국경 어디론가 후퇴했고, 병오와의 사이에는 연합군이 가득했다. 부대로 돌아가는 것은 불가능했다.

영국과 터키 등 수십여 개국이 연합군으로 참전했지만 주력은 미국과 한국이었다. 연합군이 평양을 넘어 안주까지 포격을 시작했다. 성벽에 둘러싸여 있던 마을의 태반이 불타고 역사적 유산인 백상루에도 불길이 번졌다. 충민사도, 작은 올빼미가 울던 늙은 소나무도 훨훨 타올랐다.

"와, 크리스마스트리 같네!"

군인으로 보이는 외국 어딘가에서 온 파란 눈의 젊은이가 천진난만한 소리를 하고 있었다.

중공군의 참전

압록강에는 거대한 댐이 있어 북한과 중국 공업지대의 발전소 역할을 했다. 강에는 일곱 개의 다리가 놓여 물자가 유통되고 있었는데, 미군의 B-29 폭격기가 다리를 폭격하려다 실수로 중국 측을 폭격하는 일이 발생했다.

중국이 항미원조抗美援朝 즉 미국을 처부수고 조선을 돕자고 열광적으로 외치고 있었지만 맥아더는 신경도 쓰지 않았다. 그러나 중국은 이 전쟁을 김일성이 주장하는 대로 미국 제국주의 군대의 침략으로 인식하고 있었다.

맥아더 장군은 국경 근처에 침투한 부대를 하늘에서 시찰했다. 김일성은 어디로 도망갔는지 모습이 보이지 않았다. 그는 크리스마스까지 전쟁이 마무리 될 거라며 승리가 눈앞에 있다고 발표했다.

안주를 함락하고 청천강을 건너 의기양양해진 연합군은 생각지도 못한 공격을 받아 큰 희생을 치르고 말았다. 중국의용군 즉 마오쩌둥의 명령을 받은 엄청난 수의 중공군이 어느새 압록강을 건너고 있었다.

11월 25일, 중공군의 참전으로 숨을 돌린 북측은 대반격에 나섰다. 연합군의 맹렬한 포화를 받으며 쓰러진 사람들을 넘고 넘어 중공군은 계속 공격해 왔다. 목숨을 아끼지 않는 인해전술에 질린 연합군은 결국 후퇴할 수밖에 없었다.

11월 30일, 트루먼 대통령은 승리를 확신했던 판세가 뒤집히자 초조해하며 피곤한 눈빛으로 기자회견에 나섰다.

"원자폭탄을 포함한 모든 무기를 사용할 용의가 있다."

그 발표에 기자들 사이에서는 커다란 함성이 터져 나왔다. 뉴스가 전 세계에 전달되면서 하루 만에 평양에는 동요가 일었다. 몰래 단파 방송을 듣던 사람들로부터 불안함이 확산되기 시작했다.

북쪽에서 피난 온 사람들로 북적거리는 가운데, 평양에 있던 연합군 본부도 철수를 시작했다. 그리고 12월 3일에 남측에서 라디오 방송이 흘러나왔다.

"12월 5일 밤 12시 이후, 평양을 적성 지역으로 간주한다."

즉 연합군이 퇴각한 후에는 평양을 공격하겠다는 뜻이었다. 엄청나게 큰 비행기가 폭음을 내며 날아와, 강력한 파괴력을 지닌 폭탄이나 주변 일대를 불바다로 만드는 네이팜탄[51] 같은 것을 떨어뜨리겠다는 의미였다.

당시 평양 시민은 150만 명이었다.

"대체 무슨 짓을 하겠다는 거야!"

사람들은 풀 곳 없는 분노를 삭이며 피난을 갔다.

"중공군이 쳐들어옵니다!"

국군 병사가 확성기를 들고 외쳤다. 국도에 피난민이 물밀듯이 밀려들기 시작했다.

평양을 떠나는 형제

"병오야, 모두들 피난을 가던데 넌 어떻게 할 거니?"

12월 4일 아침, 어머니가 떨리는 목소리로 물었다. 간신히 몸이 추스르던 병오는 밖을 내다보았다. 끊이지 않는 미군의 폭격에 울부짖는 소리와 함께 도망가는 사람들의 그림자가 비쳤다.

"저는…… 집에 있을게요."

"안 된다, 병오야. 너만이라도……."

어머니의 얼굴이 새파랗게 질렸다.

북측 부대가 평양으로 오고 있었다. 그것을 겨냥한 맹렬한 폭격이 예상되었다. 세 명이 함께 있다가는 휩쓸릴 수도 있었다.

"아버지, 어찌해야 할까요?"

원홍구의 표정도 딱딱하게 굳어 있었다.

어머니가 아무 말 없이 작업복과 낡은 코트를 꺼내오며 작은 가방에 쌀과 미숫가루를 챙겨 주었다. 쫓기듯 일어선 병오에게 돈이 쥐어졌다.

"함께 있을래요."

어머니는 고개를 저었다. 바깥은 얼어붙어 하얀 눈보라가 휘몰아치고 있었다.

"이걸 목에 두르거라."

아버지가 대문 앞에 서서 당신의 목도리를 손에 쥐어 주었다. 배웅하는 어머니는 턱을 덜덜 떨며 말도 제대로 하지 못했다.

"괜찮아요. 인민군이 들어와서 사태가 진정되면 돌아올게요. 걱정 마세요."

병오는 목도리를 받지 않은 채 종종걸음으로 집을 나섰다. 이것이 조류학자인 원홍구 부부와 막내아들 원병오의 영원한 이별이었다.

병오는 잰걸음으로 형의 집으로 향했다. 병휘는 평양전염병연구소의 페스트 담당 부장이었다.

큰길은 남쪽으로 향하는 사람들로 인해 북적거렸다. 대부분이 등에 가방을 짊어지고 양손에도 짐을 늘어뜨리고 있었다. 살기등등한 사람들은 자기 자신만을 돌보느라 여념이 없었다. 엄마 잃은 아이는 목 놓아 울고, 길거리에 무전기를 든 미군 대여섯 명이 험상궂은 얼굴로 서 있었다. 그들은 수상하다고 생각되는 사람에게 총구부터 들이밀었다. 피난민에 섞여 게릴라가 숨어있을 수 있기 때문이었다. 게릴라는 탄약고를 파괴하거나 후방을 교란시키곤 했다.

병오는 갑작스런 총성에 깜짝 놀랐다. 장갑차 위에 있던 흑인 병사가 흥분한 나머지 하늘을 향해 사격을 한 듯했다.

"곧 중공군이 쳐들어옵니다! 어서 이동하시오!"

사이렌을 울리는 지프차가 떠들며 지나갔다.

커다란 체격의 백인 병사나 남측의 국군을 마주칠 때마다 병오는 눈을 피하며 두근대는 가슴을 진정시켰다.

B-29의 폭격으로 불탄 평양역 남쪽은 황야로 변해 있었다. 그곳에서부터 역사 홈까지 쌓아 올린 미군의 포탄이 보였다. 몇 개인지 셀 수조차 없었다. 평양을 흐르는 대동강 다리에는 서로 밀치며 지나가려는 사람들로 가득했다. 미군의 대형 전차와 병사들도 다리를 건넜다. 병오도 인파에 휩쓸려 나아갔다.

평소라면 얼어 있었을 강물에 띠 모양으로 물길이 열려있었다. 평양은 세계적인 스케이트 선수가 태어난 곳이었다. 하루 종일 얼음 위에서 달리던 젊은이들은 어디로 가버렸을까?

끊임없이 폭음을 내며 저공으로 비행하던 미군 비행기가 갑자기 평양 비행장 너머 모란봉 공원 근처에 총을 쏘기 시작했다. 벌써 거기까지 북의 군대가 들어온 것이라 생각한 사람들이 일제히 달리기 시작했다. 병오 역시 숨을 헐떡이며 쫓아갔다.

장남 병휘의 집은 대동강 건너의 주택가 지동리智洞里에 있었다. 현관에 뛰어 들어가자 셋째 형인 병일이 막 도착해 있었다.

"병휘 형, 빨리 도망가자! 병오 너도 왔구나!"

"우물쭈물할 시간이 없어, 인민군이 곧 쳐들어올 거야. 서둘러, 형!"

병오도 외쳤다.

형수는 가방에 음식을 채워 넣었다. 다섯 살배기 여자 아이를 중간에 두고 다섯 아이가 어깨를 나란히 하고 있었다. 남자 아이는 열세 살, 아이들은 눈으로 아비인 병휘만을 좇으며 미군기의 폭음이 가까워져 올 때마다 흠칫흠칫 떨고 있었다.

평소에 차분한 성격이었던 맏형은 양말을 한쪽만 챙겨 신을 정도로 우왕좌왕하고 있었다.

"형, 빨리!"

"얼른 와, 형!"

"역시 가야겠지……."

형은 창밖을 바라보았다. 이웃 사람들이 뭐라고 소리를 지르며 집을 나서고 있었다.

"무슨 소리야, 형. 군인들이 들어오면 남자는 모조리 죽는다고!"

병오는 발을 동동 굴렀다.

서울의 시가전에서도 많은 시민들이 말려들었었다. 상대편 병사들이 일반인 복장에 무기를 숨기고 돌아다니며 불시에 공격하는 때도 있어서 군인은 시민들에게도 용서가 없었다. 여자 아이들만이 무사할 수 있었다.

"이만…… 출발하자."

"조심하세요, 아버지."

키가 큰 맏형은 등을 구부리며 출근이라도 하는 것처럼 집을 나섰다. 이 역시 오랜 이별이 될 거라고는 생각하지 못했다.

시가전이 끝나고 북한군이 평양으로 돌아오면 집으로 돌아올 수 있다, 사흘 정도 피난을 가 있으면 될 것이다, 형제는 이런저런 이야기를 나누며 걸음을 재촉했다.

커다란 폭발음이 연달아 들리더니 역 쪽에서 검은 연기가 피어올랐다. 쌓여있던 탄약이 폭발한 것처럼 보였다. 벌써 북한 게릴라의 공격이 시작된 모양이었다.

세 사람은 남쪽으로 향하는 피난민 행렬에 섞여 들어갔다. 앞뒤로 연합군의 트럭과 후퇴하는 병사들이 줄을 이었다. 후방을 지키는 부대에게 물자를 나르는 트럭이 옴짝달싹 못하게 되자 초조한 듯 경적을 울려댔다. 뒤를 돌아보며 삼형제는 발걸음을 옮겼다. 적당한 장소에 자리를 잡고 연합군과 북한군이 지나가기를 기다리면 될 거라고 생각했다. 어떠한 군대도 피난민에게는 손을 대지 않을 터였다.

원폭 투하의 공포

수레에 가재도구를 싣고 걸음을 재촉하는 가족이 보였다. 병휘가 남자의 얼굴을 보니 아는 사람이었다.

"안주에서 오시는 건가요?"

"아, 원 선생님의 자제분 아닌가요? 오래간만이군요."

"이 짐은 어떻게 된 겁니까?"

정육점 주인이었던 남자는 병휘의 옆에 서서 소리 죽여 말했다.

"저희는 아예 남쪽으로 가는 중입니다. 김일성 밑에서는 장사하기도 힘들고, 자유의 나라에서 새롭게 시작하려고요. 그럼……."

남자의 걷는 모습은 활기가 넘쳤다.

문득 정신을 차려보니 주변에 비슷한 모습의 가족들이 보였다. 북한을 버리고 떠나는 사람들이었다.

북한은 가난한 사람이 보면 지주도 부자도 없는 사회였지만 그때까지 자유롭게 장사를 해오던 사람에게는 너무 제한이 많았다. 꿈을 찾는 사람들에게는 지금이 기회라고 여겨졌을 것이다.

10킬로미터쯤 이동하자 겨우 미군 비행기의 총소리가 멀어졌다.

길가에 걸터앉아 요기하는 사람들이 보여 삼형제도 잠시 쉬어 가기로 했다. 그리고 처음으로 엄청난 이야기를 들었다.

"이봐, 들었어? 미국에서 원자폭탄을 떨어트린다던데."

"아, 중공군을 막으려면 그 방법밖에 없다면서……."

"자네는 가족들이 다 함께 온 거야?"

"그런 거 묻지 마. 이 추위에 연세 드신 분이나 어린애가 걸을 수 있을 거라고 생각해? 집에 있다가 원폭에 죽는 편이 차라리 나을 거야."

"미안하군……. 사실 나도 부모님을 두고 왔어."

"그런가, 어쨌든 서두르자고. 나라도 살아남아야 하지 않겠나."

삼형제는 아연실색했다.

아내와 다섯 아이를 두고 온 병휘는 망연자실한 표정으로 하늘을 바라보았다. 새 신부와 그녀의 어머니를 두고 온 병일은 북쪽을 향해 코를 훌쩍였다. 부모님을 두고 온 병오도 마찬가지였다.

"원자폭탄이 떨어진다니 말도 안 돼……. 평양으로 돌아가자."

세 사람은 발걸음을 돌렸지만 길거리에 가득한 피난민 때문에 여기저기 부딪쳤다.

"이봐, 어디로 가는 거야! 뒤쪽은 이미 중공군이 바싹 쫓아왔다고!"

한국군 장교의 성난 목소리가 들려왔다.

MP military police 완장을 찬 연합군 헌병이 눈빛을 날카롭게 빛내며 외쳤다.

"통행에 방해가 되는 자들은 모두 사살해도 좋다!"

영어를 알아들은 형제는 주춤했다.

"어쩔 수 없지, 좀 더 남쪽으로 내려가자."

해가 지고 나서야 셋은 큰 창고에 들어섰다. 피난민들이 불을 피우고 웅크려 앉아 있었다. 삼형제도 가장자리에 자리를 잡고 맨바닥에 주저앉아 그대로 누워버렸다.

'집을 나서는 게 아니었어.'

'죽든 살든 가족들하고 함께 있었어야 했는데.'

입 밖으로 내지는 않았지만 삼형제 모두 같은 생각을 하고 있었다. 따뜻한 온돌방이 그리웠다. 12월의 북한이었다. 별은 반짝이고 기온은 영하를 한참 밑돌았다. 밤새도록 트럭이 이동하는 소리가 울리며 어딘가에서 총소리가 들려왔다.

새벽이 밝아오기 전에 세 사람은 물을 받아 미숫가루를 타 먹었다. 간신히 몸에 온기가 돌았다. 그때 병휘에게 말을 걸어오는 사람이 있었다.

"당신, 원폭에 대해 아는 것 좀 있어? 대체 얼마나 위험한 건지······. 평양에서 이 정도 떨어지면 괜찮을까?"

"글쎄요······."

히로시마, 나가사키에 떨어진 원자폭탄은 사방 4킬로미터를 파괴했다. 폭탄의 위력은 더욱 강력해졌을 것이다. 폭발할 때 발생하는 방사성 낙진은 20킬로미터 밖에서도 위험하다고 하지 않은가. 날이 밝으면 당장 오늘부터 평양에 폭격이 시작될지도 몰랐다.

"뭘 꾸물거리는 거야! 원폭에 맞아 죽고 싶어?"

고함을 지르는 사내가 보였다.

피난민들이 다시 분주하게 움직여 삼형제도 밖으로 나왔다. 아직 어두운데도 인파는 북적이고 있었다.

"일단 송림에 있는 내 친구에게 가야겠어."

형의 동급생을 찾아 가기 위해 세 사람은 길을 떠났다. 송림은 평양에서 25킬로미터 떨어진 곳이었다. 저녁에 도착해보니 작은 마을은 텅 비어 있었고 친구 역시 떠난 상태였다. 형제는 농가를 찾아 하룻밤 묵기로 했다.

"여기서 동태를 살펴보자."

제법 많은 사람들이 송림에 머물며 연합군이 지나가는 것을 보고 있었다. 형제도 머리 위를 날아가는 폭격기를 보면서 하루를 넘겼다. 다음 날, 여자의 비명소리가 들렸다.

"원자폭탄이다!"

밖으로 나가보니 피투성이가 된 사람들이 걸어오고 있었다. 숨이 곧 끊어질 듯한 사람을 태운 리어카도 있었다.

"원자폭탄이 떨어져서 수백 명이 당했어."

다친 사람이 헐떡거리면서 말했다. 삼형제는 몸이 떨려 왔다.

"원폭이 아닌 일반 폭탄이었습니다. 진정들 하십시오."

지프에 탄 장교가 소리치면서 지나갔다.

피난민의 끝 무리를 중공군으로 착각한 미군이 공격을 한 것이

1951년 8월, 북한군 점령 지역에 대형 폭탄을 투하하고 있는 미 공군의 B-29 폭격기
(출처: U. S. Air Force)

었다.

붕대를 감은 사람들이 다가왔다.

"오늘 오전 중에 원폭을 떨굴 거라고 했다고!"

"라디오에서 속보라고 발표했다니까! 진짜야!"

충혈된 눈을 한 남자가 말했다.

유언비어인지 아닌지 확인할 길이 없어 불안감에 속이 탔다.

"연합군한테 붙어 있으면 원폭에 맞을 일은 없을 거야."

"쫓아가자!"

사람들이 커다란 물결을 이루어 연합군의 뒤를 따르기 시작했고, 삼형제도 합세했다. 피난민들 사이에서 그럴 듯한 이야기들이 퍼져 나갔다.

"한반도 중앙부에 50발 정도의 원폭을 떨어트린다던데."

병오는 B-29가 머리 위를 날 때마다 목을 움츠렸다. 언제 원폭이 떨어질지 몰라 살아있는 기분이 아니었다.

트루먼 미국 대통령의 원폭 투하 위협은 세계의 비난을 샀다. 영국 애틀리 수상은 워싱턴으로 날아와 명령 중지를 강하게 요청했고, 인도 및 아프리카의 여러 국가들도 반대했다. 트루먼은 높아져 가는 비난에 결국 원자폭탄 투하 명령을 철회했다.

그러나 계속되는 연합군의 후퇴에 도망가는 사람들은 원폭 투하의 소문이 진짜일 거라고 믿고 있었다.

병오는 어둡게 구름이 깔리며 폭음이 울려올 때가 가장 무서웠다. 구름 위를 나는 비행기에서 언제 폭탄이 떨어질지 알 수 없었기 때문이었다.

"할 수 없지……. 조금만 더 가자."

삼형제는 필사적으로 걸었다. 한발 한발 평양에서 멀어져 갔다. 도중에 보이는 도시와 마을에서도 난민이 점점 합세했다. 원폭으로 인해 대가 끊길까 걱정한 어른들은 아들만이라도 피난을 보내려 했다. 추위를 동반한 한겨울의 길에서 약한 자들은 뒤쳐졌다. 쓰러진 아이를 데리고 있는 여자가 있어도 도와주지 못했다.

삼형제는 쌀도 돈도 다 떨어진 상태였다. 그나마 누군가가 나누어준 고구마로 굶주림을 겨우 면했다. 체력이 없어 힘들어하는 병일을 다른 형제들이 부축하며 이동했다.

다들 추위에 시달려 얼굴이 부어오르고 입술이 갈라져 피가 났다. 손가락과 귀는 동상에 걸렸다.

심한 눈보라가 치는 북위 38도선의 주변을 비틀거리며 겨우 넘어갔다. 12월 22일, 삼형제는 18일간 250킬로미터를 걸어 드디어 서울에 도착했다.

혜경은 어디에

 전화의 흔적이 생생한 거리에서 삼형제는 혜경의 집을 찾아갔다. 그러나 병오의 기억에 있던 서대문의 집에는 모르는 사람이 살고 있었다.
 혜경을 알고 있는지 물었다. 어디로 이사를 갔는지 근처에 물어보고 다니다가 모퉁이의 가게에서 소식을 들을 수 있었다.
 "아, 홍승철 선생님의 사모님이요? 2년 전쯤 겨울에 병으로 돌아가셨어요. 홍 선생님께서 많이 슬퍼하셨죠."
 "그랬군요……. 그럼 홍승철 씨는 어디로 가셨나요?"
 "글쎄요, 잘 모르겠네요. 부인께서 돌아가신 직후에 이사를 가셨거든요."
 '누나가 죽었다. 그렇게나 건강했던 혜경 누나가…….'
 병오는 믿을 수가 없어 이웃 할머니에게 재차 물어보았다.
 "아이고, 자네들이 혜경이 형제인가? 그 아이도 참 불쌍하지……."
 할머니는 눈물을 훔쳤다. 삼형제는 지쳐서 눈물조차 나오지 않았다.
 아직 의지할 곳은 있었다. 셋은 사촌누나인 정鄭 씨의 집에 겨우 도착했다. 누나에게는 남편과 딸이 있었다.

삼분의 일이 타버린 서울에 수백 명의 사람이 도착했다. 세 가족이 먹기도 벅찬 사촌의 집으로 장정 셋이 쳐들어가자 식량은 금세 동이 나고 말았다.

연고자가 없는 사람들은 난민수용소에 들어가 유엔의 구호물자로 목숨을 연명하는 수밖에 없었다.

연합군은 삼팔선에 자리를 잡고 서울을 지켰다.

"젊은이들이여, 군대에 입대하자! 조국을 지키기 위해 일어서라!"

남쪽의 라디오에서 호소하는 소리가 들렸다.

서울이 어수선해지자 불온한 움직임에 대한 정보도 나돌기 시작했다.

"간첩을 조심하자!"

"북에서 도망 온 병사를 찾아내자!"

"숨어 있는 사람은 신고합시다. 숨겨주는 사람도 공범입니다!"

"자수하여 광명 찾자!"

경찰의 분주한 움직임에 사촌의 집도 안전하지 못했다.

"병오야, 창문으로 얼굴을 내밀면 안 돼. 주변에도 눈이 있으니까."

인민군이었던 병오는 움찔했다.

"간첩이라고 의심받아 잡혀가면 다른 가족들도 그냥 두진 않을 거야. 조심하도록 해."

사촌의 가족은 필사적이었다. 집은 거리에 있는 흔한 민가였다.

마침내 식량도 바닥을 드러내어 병오의 형들은 부산으로 가기로 했다. 그곳에는 큰 규모의 난민수용소가 있다고 들었다. 병오는 서울에서 기다리기로 했다.

그 사이에 연합군은 삼팔선에서 후퇴를 시작해 서울도 위험해졌다. 북한은 정월을 기해 극렬한 기세로 공격해 왔다.

"병오 너, 인민군한테 잡혀도 괜찮은 거야? 그쪽에서 보면 탈영병일 텐데."

사촌 매형의 말을 듣고 병오는 입이 딱 벌어졌다.

"북한은 군율이 엄해서 탈영하면 총살이에요."

"그런 끔찍한……."

병오는 생각지도 못한 위험한 상황에 처해 있음을 깨닫게 되었다.

서울의 거리에 포성이 다가오자 사촌의 가족 역시 분주하게 피난길에 올랐다. 그들은 사촌 매형의 고향이 있는 남쪽으로 방향을 잡았다. 병오도 함께 가고 싶었지만 간첩 사냥이 무서워 걸음조차 제대로 뗄 수 없었다. 스무 살 병오는 북과 남의 사이에서 절체절명의 위기에 몰려 갈팡질팡했다.

1951년 1월 4일, 북한 인민군은 격전을 치르고 서울에 입성했다. 이때 서울에 있는 역사적인 유산들은 다시 한 번 커다란 피해를 입게 되었다. 한국과 유엔연합군은 북위 37도선까지 후퇴했다. 인민군이 들어온 곳에는 또다시 보안대가 나타났고, 반대로 경찰관은 모두 남쪽으로 내려갔다.

1월 15일에 연합군은 반격을 개시했다.

2월 10일, 탄약과 식량이 부족해진 인민군이 철수하기 시작했다. 김일성과 수하들도 뒤를 따랐다.

2월 14일, 연합군은 북상해 서울을 탈환했다.

나라가 둘로 나뉘는 격전의 전장에서 운명은 병오를 한국군 보병의 길로 인도했다.

제5장
︰

행복의 파랑새

길 잃은 한국의 자연

1951년 7월 10일, 소련의 요청으로 연합군과 북한·중공군 사이에 휴전 회담이 시작되었다. 장소는 양측 군이 마주한 개성이었다.

죽을힘을 다해 싸워도 우열을 가릴 수 없었고, 미국 내에서도 무엇을 위한 전쟁인지 의견이 분분했다.

한국을 제쳐 놓고 회담이 진행되자 이승만 대통령은 분노하여 끝까지 휴전에 반대했다. 게다가 포로교환 문제 등을 두고 여러 차례 분규가 일어나 회의는 자주 중단되었다. 그 때마다 전투가 재개되어 미군은 북한의 도시들은 폭격했다. 사천 년의 풍랑을 견뎌 온 동양의 고도 평양은 눈에 보이는 곳 모두가 자갈밭이 되고 말았다.

휴전 교섭이 계속되는 2년 동안 남북 양측은 휴전선을 조금이라도 유리하게 만들기 위한 격전을 반복했다.

국군에 입대한 병오는 김일성대학에서 배운 영어, 일어, 러시아어 등 3개 국어에 능통한 것이 알려졌다. 덕분에 그는 사령부에 근무하며 후에 대통령이 되는 박정희의 부관 중 한 사람이 되었다.[52]

1953년 7월 27일, 드디어 휴전협정이 체결되어 한반도 전체에 공표되면서 전쟁의 포화가 가라앉았다. 3년 1개월 동안 반복된 사투 끝에 생긴 휴전선은 전쟁이 시작되기 전에 그어져 있던 삼팔선과 별로 다르지 않았다. 어느 쪽도 승리하지 못했고 김일성의 무력통일의 야망도 이뤄지지 않았다.

이 전쟁의 사상자는 양측을 통틀어 400만 명이나 된다. 남북한의 전사자가 126만 명, 중공군 전사자는 18만 명, 그리고 미군은 14만 명의 전사자가 나왔다.[53]

미국은 한국전쟁에 200억 달러라는 막대한 비용을 투자했다. B-29가 떨군 폭탄만 세어 봐도 태평양전쟁을 훨씬 상회했다.

휴전으로부터 두 해가 지났지만 서울에는 아직도 폭격의 흔적이 남아있었다. 불탄 자리에는 천막이 늘어섰고 시장에는 먹을 것을 구걸하는 전쟁고아들이 무리를 이뤘다. 전쟁은 많은 부상자와 고아를 낳았다.

상처는 산야에도 퍼져 있었다. 녹음이 불탄 자리에 꽃은 다시 피었지만 야생동물은 대부분 자취를 감추었다. '우리나라의 자연은 이대로 괜찮은 걸까?'

병오는 야생동물들이 참담한 상황에 처해 있는 것을 견딜 수가 없었다. 그래서 군 복무 중에 틈틈이 여론에 호소하는 글을 써서 신문사에 보냈다. 간만에 펜을 들게 된 기쁨은 이루 말할 수가 없었다. 전쟁으로부터 5년이 지난 지금, 그는 포병학교를 나와 육군 대위가 되었다.

북에서 넘어와 국군에 입대한 사람은 적지 않았다. 그러나 대위까지 진급한 사람은 드물었다. 운도 따라주었거니와 병오의 엄청난 노력이 있었기 때문이다. 박정희 대령을 시작으로 많은 상관들로부터 기대를 모았지만 병오는 군복을 벗고 싶었다. 살기 위해서 어쩔 수 없이 입대했기에 고향에 총을 겨누는 것은 괴로운 일이었다. 힘든 군사훈련을 하는 와중에도 고향에 대한 그리움은 더해만 갔다.

"북으로 돌아가고 싶어……. 어머니와 아버지는 무사하실까."

전란으로 헤어진 많은 사람들의 염원에도 불구하고 남북한 정부의 대립이 계속되어 사람들은 가족의 생사조차 확인할 수 없었다.

한국의 이승만 대통령은 강력한 미군을 주둔시켜 '북진통일', 즉 다시 한 번 전쟁을 통해 북한을 무찌르자고 호소했다.

북한의 김일성 주석은 한국을 미 제국주의의 새로운 식민지라며 이승만을 상대하지 않았다. 그리고 이승만이 사람들을 억압하며 북을 넘보고 있다고 선동했다.

남북을 가르는 4킬로미터 폭의 휴전선 경계는 엄격했고, 넘어가려는 사람이 있으면 가차 없이 사살했다. 한국에서는 밤 12시부터 다음날 새벽 4시까지 통행금지령[54]이 내려졌다.

"전쟁이 끝나면 고향으로 돌아가자. 그때까지만 참는 거야."

형제들은 그렇게 서로를 격려했다. 장남 병휘는 여학교의 생물 교사, 병일은 시골에 있는 진료소의 의사가 되었다. 삼형제는 자주 만나 이야기를 나눴다.

"언제쯤 돌아갈 수 있을지…… 병오야, 소식 들은 것 좀 없어?"

형의 간절한 질문을 듣고도 병오는 할 말이 없었다. 병일은 의사임에도 눈에 띄게 여윈 모습이었다.

"그때 평양에 남았어야 하는 건데……."

병일이 작게 기침을 하며 후회의 말을 내뱉었다. 북녘의 꿈만 꾸는 탓에 밤에도 거의 잠들지 못한다고 했다. 그는 결혼한 지 한 달 만에 헤어진 부인이 걱정되어 견딜 수가 없었다.

"힘내, 형. 형수님이라면 무사하실 거야. 머지않아 돌아갈 수 있을 테니까……."

"그래…… 기운 내야지."

병일은 고개를 끄덕이면서도 한숨을 내쉬었다. 형을 위로하는 병오 역시 힘든 나날을 보내고 있었다.

고향에 돌아가지 못하면 어떡하나, 그리고 다시 학문을 시작할 수 있을지도 걱정되었다. '아버지의 뒤를 이어서 조류학자가 되려던 꿈을 내가 이룰 수 있을까?'

그러던 어느 날, 드디어 병오의 글이 신문에 실렸다. 필자는 군인이라고 적혀 있었다.

야생동물 보호가 시급한 이유

전쟁 때문에 야생동물이 급감했다. 군인들은 희귀한 두루미, 고니, 황새를 총으로 잡아 식량으로 삼았고, 연습 삼아 노루를 사냥하거나 표적으로 사용하기도 했다.

농가에서는 쥐의 천적인 족제비의 씨를 말렸다. 모피 수백만 장이 미국으로 수출되었지만, 그 때문에 쥐가 늘어나 농작물이 피해를 입었다.

이대로라면 한국의 야생동물은 멸종하게 될 것이다. 다음에 제시하는 방법의 시급한 도입이 필요하다.

(가) 사냥법을 개정하여 남획을 방지한다.
(나) 국립 야생동물 연구소를 건립한다.
(다) 정부, 지방자치단체 공무원, 군인들에게 야생동물에 관한 교육을 실시한다.
(라) 초·중·고교 교육과정에 자연보호를 포함시킨다.
(마) 조류 보호 주간을 제정한다.

혼란했던 시기에 병오는 현재 통용되어도 충분할 것 같은 의견을 제시했다.

그의 기고문은 '북한 간첩 체포' 같은 기사에 묻혀 주목을 끌지 못했지만 문교부 차관의 눈에 띄게 되었다. 병오를 불러들인 차관은 그가 유명한 조류학자 원홍구의 아들이라는 걸 알고 크게 놀라며 뜻한 일에 힘이 되어주겠노라 약속했다.

얼마 안 있어 차관으로부터 임시직이지만 농림부 중앙임업시험장에 자리가 있다는 연락이 왔다. 당시의 공무원 월급으로는 한 달을 버티기도 근근했기에 군인을 그만두는 것은 어떻게 보면 모험에 가까웠다. 그러나 병오는 기회라고 생각했다.

그는 상관의 만류에도 불구하고 대위의 신분을 버렸다. 1955년 늦은 가을의 일이었다.

임시직이지만 병오는 희망에 부풀었다. 그가 담당하게 된 일은 야생동물의 조사와 보호에 관련된 것이었다. 하지만 책상 앞에 앉아 계획서를 만들면서 이건 아니라는 생각이 들었다.

"뭐가 부족한 거지?"

병오는 고개를 갸웃거렸다.

한국에는 자연보호에 관해 이야기를 나눌 사람도 없었고 새나 짐승을 연구하는 학자도 없었다.

"아버지가 계셨더라면……."

병오는 중얼거리며 책상에 기댔다. 그러다 보니 생각에 빠져들고 말았다. 아버지와 어머니는 건강하실까? 평양을 빠져나온 이후

임업시험장 시절의 원병오

엄청난 폭격이 있었고 변두리 마을까지 모두 소실되었다는 소식을 들었는데, 혹시 두 분에게도 무슨 일이 생기진 않았겠지?

그런 생각이 밤낮없이 머리를 떠나지 않았다. 벌써 9년이 흘렀다. 아버지는 일흔둘, 어머니는 예순일곱이 되셨을 것이다. 어떻게 해서라도 부모님과 연락이 닿고 싶어 뜬 눈으로 밤을 지새운 것이 여러 날이었다.

아버지의 방이 그리웠다. 방을 가득 채웠던 새 표본들……. 거기까지 생각한 병오는 벌떡 일어섰다.

"맞아, 아버지께서 말씀하셨던 동물도감이 있지! 한글로 된 책을 만드는 거야!"

임업시험장에는 도감이 한 권도 없어서 한국에 어떤 새와 동물이 있는지 알 수가 없었다.

"그래, 그것부터 시작하자!"

그는 불타고 남은 일제 강점기 때의 자료들을 찾아내어 야생동물의 이름과 분포를 표시한 책을 만들기 시작했다. 먼저 공무원과 학교의 교사들을 위한 책자를 만들었다.

작업은 쉬워 보였지만 생각처럼 되지 않았다. 오래된 자료에는 잘못된 부분도 많아서 새로운 지식을 접목해 만들기로 했다. 병오는 상사를 설득해 일본 곳곳에 연락했다. 일본조류학회와 일본동물학회, 각 대학들과 도쿄에 있는 국립박물관, 야마시나조류연구소 등에 도움을 요청하는 편지를 보냈다.

이승만 대통령은 일제 강점기 때의 원한을 바탕으로 반일정책을 강화했다. 공해상에 이승만 라인[55]을 그어 그곳을 넘는 선박들을 나포해 선원들을 체포했다. 이승만 대통령은 반일감정을 담아 선동적인 발언을 하곤 했다.

"일본은 한국전쟁을 먹이 삼아 배를 불리고 있다."[56]

한국전쟁에 참전했던 미국은 당시 전쟁에 필요한 물자들을 일본에서 조달했다. 제2차 세계대전의 패전으로 움츠러들었던 일본의 경제가 부흥할 수 있던 원동력이었다.

반일의 물결이 거세지는 가운데 병오는 냉정하게 생각했다. 학문, 예술, 과학이란 것은 한쪽으로 치우치면 절대 발전할 수 없다. 국경을 떠나 지식을 받아들여야 한다고 아버지로부터 배운 까닭이었다. 그는 일본에서 보내준 많은 연구 자료와 논문을 정리하며 그것을 발판 삼아 나아가기로 마음먹었다.

병오는 임업시험장에서 일한 지 2년 만에 대학에 들어가 생물학을 다시 배우기로 했다. 새로운 학문과 해외의 발전된 연구들을 공부하고 싶은 열정이 부풀어 올랐다.

평생의 인연

어느 날 병오는 북에서 내려온 사람들의 모임에 초청받았다. 낮에는 일하고 밤에는 공부하는 바쁜 일상 때문에 여태까지는 이런 모임에 참석한 적이 없었다.

백여 명이 모인 가운데 병오의 눈을 끄는 사람이 있었다. 늘씬하게 키가 크고 정숙한 분위기의 여성이었다. 두근거리는 마음을 다잡고 말을 나누다가 상대방의 고향이 함흥이라는 것을 알게 되었다.

"저도 어릴 때 함흥에 살았던 적이 있어요."

"그쪽 분도 함흥에서……."

상대가 놀라서 눈을 크게 떴다. 그리고 그때부터 병오를 허물없이 대하기 시작했다.

그녀는 전쟁이 있던 해의 12월에 여섯 식구가 모두 연합군과 함께 동해안을 따라 피난을 온 후 돌아가지 못했다고 말했다.

"함흥에 있던 반룡산 공원 기억하세요? 산 정상을 돌면 작은 길이 나오는데 그곳에……."

"네 기억나고 말고요. 붉은 진달래가 한쪽에 가득 피어 참 예뻤지요. 교사 시절이라 아이들과 소풍을 가곤 했거든요."

"이야! 선생님이셨군요."

둘은 마주보며 미소 지었다. 그리고 함께 북에서의 그리운 추억들을 꺼내기 시작했다. 이야기하다 보니 그녀의 오빠 중 한 사람이 김일성대학을 다녔는데, 마침 아버지의 제자였다.

병오는 운명이 두 사람을 이끈다고 생각했다. 그녀는 꽃을 떠오르게 하는 생김새에 검은 눈망울에는 선함이 깃들어 있었다.

그날의 모임이 끝나기 전에 병오는 다시 한 번 만나달라고 청하며 장소와 시간을 잡았다. 그리고 재회의 날, 병오는 그녀에게 청혼했다.

"지금은 가난하지만 당신을 행복하게 해드릴 자신이 있습니다. 저와 결혼해 주세요."

그녀, 백금복白金福은 상대방의 거침없는 기세에 깜짝 놀랐다.

"오빠들과 먼저 상의를 해보고요, 그리고 연락을……."

말하는 도중에 병오가 금복의 손을 마주 잡았다.

금복은 빨개진 얼굴로 당황하다가 결국 작게 고개를 끄덕였다. 병오의 남자다움에 넘어가고 만 것이다.

북에서 넘어온 두 사람은 성당에서 결혼식을 올렸다. 검은 예복을 입은 신랑은 스물일곱, 연지색의 한복을 차려입은 신부는 그보다 다섯 살 아래였다. 기쁜 와중에도 부모님께 둘의 모습을 보여드릴 수 없다는 사실이 너무 슬펐다. 병오는 마음속으로 외쳤다.

'아버지, 어머니. 제가 결혼을 합니다. 금복이를 데리고 돌아갈

테니 꼭 기다려 주세요.'

신혼 생활은 부엌도 없는 좁은 한 칸짜리 셋방에서 시작했다.

밖에서 요리를 해야 했기 때문에 억수같이 비가 내리는 날은 불 위에 우산을 드리웠다. 월급도 적은데다가 병오가 대학을 다니고 있어서 생활은 곱절 어려웠다. 부인 금복은 당시에 대해 이렇게 이야기했다.

"그때, 북에서 온 사람들은 모두 가난했어요. 재산 하나 없이 넘어왔으니까요. 결혼해서 바로 아이를 가졌는데 영양이 부족해서 비틀거리기도 했지요."

병오는 부업까지 하면서 가까스로 임업시험장에서 조류 및 동물 도감 가이드북을 출판했다.

1957년에 병오는 대학을 졸업하고 박사 학위 논문을 썼다.[57] 주제는 '한국 야생동물의 서식 상황과 보호'였다. 그때의 일을 금복은 웃으면서 말했다.

"겨우 논문을 끝냈는데 일본에 보낼 우편료도 없을 정도였어요. 이 사람이 저에게 결혼반지를 내어 놓으라고 하더군요."

금복은 밝고 똑 부러진 사람이었다.

"어느 나라에서건 결혼반지를 돌려주는 건 헤어지자는 뜻이나 마찬가지잖아요. 그래서 무척 놀랐지만 그땐 정말로 돈이 없었거든요. 어쩔 수 없이 반지를 팔아 우표 값에 보탰죠."

일본 홋카이도대학교에서 훌륭하게 농학박사 학위를 딴 병오는 임시직이었던 임업시험장을 그만두고, 경희대학교에 조교수로 취직했다. 한국에서 최초로 조류학을 가르치게 된 것이다. 병오는 금메달을 딴 선수처럼 주먹을 꽉 쥐고 환희에 떨면서 몇 번이고 북을 향해 외쳤다.

'아버지의 뒤를 이어, 마침내 조류학자가 되었어요!'

병오가 대학 교수가 되면서 집안 형편은 간신히 안정을 찾게 되었다. 그는 학생들과 서울 청량리 숲에 많은 새집을 달고 거기서 부화한 새끼들에게 가락지를 채웠다. 새의 이동 경로와 돌아오는 비율을 연구하기 위해서였다.

북방쇠찌르레기의 가락지

1964년 5월 어느 날, 도쿄의 야마시나조류연구소에 북한에서 보낸 한 통의 편지가 도착했다. 북한의 과학원생물학연구소에서 보낸 그 편지에는 모스크바를 경유했다는 도장이 찍혀 있었다.

"이야, 북한에서 온 거네요. 신기하네."

당시 국교 관계가 없던 일본과 북한 사이의 우편물은 소련을 통해야만 들어올 수 있었다. 편지를 열어보니 영어로 타이핑한 보고서가 들어 있었다.

평양의 모란봉 공원에서 일본의 조류 인식 가락지를 차고 있는 북방쇠찌르레기 한 마리가 발견되었다는 내용이었다. 날지 못하는 새를 보호하고 있는 사람은 김 씨 성의 학생이었다. '농림성農林省 JAPAN·C7655'라는 번호가 쓰인 가락지를 찬 새는 무엇에 부딪혔는지 은백색 가슴에 피가 묻어 있다고 적혀 있었다.

야생 조류의 발에 작은 알루미늄 고리를 걸어 이동 경로와 연령을 조사하는 것을 밴딩banding이라고 한다. 밴딩은 국제적인 협력이 필요하기 때문에 북한의 연구자도 그 중요성을 알고 조류연구소에 보고해 준 것이었다.

"북방쇠찌르레기[58]는 일본에 건너가지 않는 것으로 알고 있는데

북방쇠찌르레기 ⓒ이용상

일본의 가락지를 차고 있어서 매우 놀랐습니다. 언제 어디서 가락지를 채운 것인지 알려주시면 감사하겠습니다."

우편물 속에는 유창한 일본어로 된 편지도 들어 있었다.

"흠, 북방쇠찌르레기는 분명 일본에 없는데……. 이상한 일이네."

야마시나조류연구소에서 가락지를 조사해보니 1960년 국제조류보호회의에 왔던 대표를 통해 한국의 농사원에 선물한 것이었다.

"역시, 같은 한국에서 날아간 것이었군. 그 쪽에 알려줘야겠어."

연구원은 서울에 편지를 보냈다.

한국 농사원 임업시험장의 사무관은 일본에서 온 우편을 받고 밴딩 기록을 추적했다. 그것은 1963년 6월 6일에 서울의 청량리에서 번식한 북방쇠찌르레기 82마리, 흰눈썹황금새 17마리에게 원병오가 채운 가락지 중 하나였다. 서울 동부 지역에서도 북방쇠찌르레기가 작게 무리를 지어 번식하는 것을 발견하고 가락지를 채운 것이다.

농사원의 사무관은 서울에서 번식한 새가 이듬해 평양에 날아간 것을 신기하게 생각하면서 이 결과를 영문으로 작성해 우편함에 넣었다.

병오는 농사원으로부터 가락지에 대한 소식을 전화로 전해 들었다. 북한 생물학연구소의 누군가가 모스크바와 도쿄를 경유해 북방쇠찌르레기의 가락지에 관한 일을 문의해 왔다고 했다. 병오의 가슴이 두근거렸다.

'설마 아버지가? 아버지 말고 북한에서 이런 문의를 할 만한 사람이 또 있을까?'

병오는 수화기를 내려놓고는 무심코 북쪽 창문으로 달려갔다.

지붕 저편으로 북한산에 솟아오른 새하얀 봉우리가 눈부시게 빛나고 있었다. 그곳에 오르면 북녘 땅이 보이겠지. 북위 38도선은 서울에서 50킬로미터밖에 떨어져있지 않았다.

이 긴 세월 동안 연로하신 부모님은 얼마나 힘들어 하고 계실지, 가슴이 시릴 정도로 잘 알고 있었다. 부모님도 병오가 무사한지 밤낮으로 걱정할 것이 분명했다.

'분명히 아버지야! 아버지께서는 아직 건강하신 거야!'

그는 넘치는 감정을 억누르며 북의 하늘을 바라보았다.

결혼, 건강한 딸의 탄생, 도쿄 국제회의, 조류학자가 되어 대학교수가 된 일, 그리고 불쌍한 혜경 누나와 병일 형에 대한 것 등 전하고 싶은 말이 가슴에 한가득이었다.

다섯 아이를 모두 잃고

일흔일곱에도 아직 정정한 원홍구는 과학원생물학연구소장을 맡고 있었다. 오른쪽 귀가 잘 안 들리고 걸음걸이는 조금 부자연스러워도 조류학에 몰두하는 모습은 많은 사람들의 존경을 받고 있었다.

원홍구 부부는 장남인 병휘의 처와 그 밑의 다섯 아이들과 함께 살고 있었다. 손자들에게 둘러싸여 웃음이 떠날 날이 없었지만, 원홍구가 가끔 방에 있는 책상을 보며 넋이 나간 것처럼 멍하니 있는 것을 부인은 알고 있었다.

원홍구는 다섯 명의 자식을 모두 잃었다. 병수는 만주에서 죽고, 혜경은 남편과 서울로 가버렸으며, 다른 세 아이는 전쟁으로 인해 남쪽으로 피난을 가서 돌아오지 않았다. 살았는지 죽었는지 생사조차 확인하지 못했다.

원홍구는 이런 와중에도 학생들을 가르치는 일에 힘썼다.

"아이들이 돌아올 때까지 힘내자. 반드시…… 반드시 돌아올 거야!"

그는 입버릇처럼 말했다.

평양의 5월은 쌀쌀해서 방에 불을 뗄 정도였다. 그날 밤, 불이 꺼진 방에서 원홍구는 가위에 눌린 부인을 흔들어 깨웠다.

"여보, 무슨 일이야?"

전쟁이 끝난 후부터 어머니는 늘 악몽을 꾸었다. 남편 덕에 잠에서 깨어나 숨을 헐떡이며 꿈에 대해 말했다.

"병오가…… 배가 고파서 손을 뻗는데…… 제가 갖고 있는 떡에 아무리 해도 닿질 않는 거예요……."

잠에 취해 하는 말은 늘 비슷한 내용이었다. 아이에게 먹을 것을 주려고 하거나 아이를 끌어안고 싶어 하는 것들이었다.

"이제 곧 병오의 생일이네요. 살아있다면 이제 서른다섯 살이 되겠어요."

"그래……."

"살아 있겠지요?"

"그럼……."

어두운 한밤중의 방에 늙은 부부의 소리가 깃들었다.

"그런데 잘 지내고 있는 걸 까요. 어떻게든 살아는 있겠죠?"

어머니는 십 년째 같은 질문을 반복했다. 아버지는 해줄 말이 없었다.

북측의 격심한 반격으로 삼형제는 피난을 갔지만 전화에 휩쓸려 조난당했을지도 모르는 일이었다. 그 해 겨울에 많은 사람들이 길거리에서 얼어 죽었다.

아버지는 삼형제 중 둘은 살아 있을 수도 있을 거라 생각했다.

의학자와 의사인 두 형은 그럴듯한 자격을 갖춘 사람들이니 남쪽에서도 쉽사리 죽이지는 않았을 것이다.

그렇다 보니 가장 걱정되는 것은 아무래도 병오였다. 원래 인민군이었다는 것이 남쪽에서 밝혀지면 처형을 당한다는 소문을 들었다. 게다가 병오는 인민군 장교였다. 알려지면 조용히 넘어가지는 못할 것이다.

어디선가 달이 비추어 창문만이 희미하게 빛났다. 건넛방의 손자들은 잠이 들었는지 조용했다.

날이 밝고 어머니는 또다시 병오의 환청을 들었다. 점심을 차리고 있는데, '어머니'하고 부르는 소리가 들렸다.

놀라서 대문 밖으로 뛰쳐나갔지만 아무도 보이지 않았다. 어머니는 식사 준비도 잊고 대문을 붙잡고 멍하니 서 있었다.

"여보, 자꾸 그런 생각만 하다가는 몸이……."

버티지 못할 거라는 말을 입 안으로 삼킨 아버지의 귀에도 병오의 생생한 목소리가 되살아났다.

'조류학자가 되어서 행복의 파랑새를 찾을 거예요! 분명히 우리나라에 있다니까요!'

때로 엉뚱한 소리를 해서 사람을 놀라게 하는 아이였다. 그 때 아버지는 뭐라고 대답을 했던가.

어머니가 몸을 뒤척이더니 중얼거렸다.

"그 아이를 만날 때까지는 편하게 죽을 수도 없어요. 여보, 왜 높

으신 분들은 싸우고만 있는 거죠?"

"……."

"편지라도, 살아있다는 편지만 와도 괜찮을 텐데, 왜 위에서는 허락하지 않는 건지……."

어머니는 숨죽여 울었다.

남북 지도자들을 화해시키려는 국제적인 움직임도 있었다. 유엔과 적십자도 많은 사람들이 괴로워하는 모습을 두고 보지만은 않을 것이다. 그러나 원홍구는 이미 늦었다고 생각했다.

"여보, 우리 둘이서 찾으러 가요. 쌀하고 미숫가루 조금만 있으면 되겠죠. 그 아이가 나갈 때 가져간 것처럼요."

"그래요, 날씨도 따뜻해졌으니 말이지."

늙은 아버지는 아내를 달래주었다.

불가능한 일이겠지만 원홍구도 고대하는 그 날을 꿈꾸곤 한다.

국경 쪽으로 다가가자 누군가가 손을 들어 막고 있었다.

'여보, 하늘을 날아서 갑시다.'

두 사람은 크고 하얀 새가 되어 날아올랐다.

그리운 돌로 장식된 거리가 눈 아래로 펼쳐졌다. 푸른 기와의 남대문[59], 그 옆에 있는 작은 집은 본 기억이 있다. 징검다리를 따라 작은 개울을 건너면 빨래터.

아아, 두 사람이 젊은 시절을 보냈던 개성인가. 여기서 아이를 낳고, 개울물을 데워 목욕을 시켜 주었지. 그럼 은빛이 아른거리는 저 곳은 임진강이겠구나.

'여기서부터는 아이들이 있는 남쪽이에요. 이렇게 가까웠네요, 여보.'

어머니는 숨을 몰아쉬었다. 활짝 웃는 모습이 몇 년 만이던가?

아아, 그곳에는 그 동안 찾아 헤맸던 원앙사촌이 있었다. 형제자매로 보이는 다섯 마리의 새였다.

'너희들, 이런 곳에 있었구나.'

새들이 물보라를 일으키며 하나가 되었다. 고니의 가족이 재회하는 때처럼 그들도 날갯짓하며 울어댔다. 그러더니 원앙사촌이 아이들로 변했다.

땋아 내린 머리를 빨간 리본으로 묶은 혜경의 손을 잡고 어린 병오가 울기 시작했다. 형들은 옆에서 그런 동생을 달래고 있었다.

'왜 그래?'

'파랑새가 도망가 버렸어.'

'파랑새? 그런 건 나중에 찾아. 우리 함께 날아 볼까? 자, 이제 북으로 돌아가자!'

아버지는 젊었을 때처럼 활기가 넘쳤다. 가족들을 이끌기 위해 가장 앞에서 두 팔을 크게 벌려 날았다. 그리고는 문득 정신을 차렸다.

부자를 이어준 철새

'이상한 꿈이군.'

아버지는 잠시 멍하게 있다가 '음―'하고 소리를 냈다.

'병오가 찾던 행복의 파랑새인가…….'

평생 새를 찾아 다녔지만 그것만은 찾을 수가 없었다. 아버지는 마음속으로 중얼거렸다.

'해방되었을 때 언뜻 보이는가 싶더니 서로 증오하는 남북에게 휘둘려 날아가 버렸지.'

사회주의 국가와 자유주의 국가를 사이좋게 만들어줄 파랑새. '어딘가에 분명히 있을 테지. 병오야, 그것을 찾는 것은 너희 젊은이들의 몫이란다.'

"여보, 여보."

"응……?"

비몽사몽간에 병오와 이야기하던 아버지가 잠에 취해 대답했다.

"저는 이제 성경을 버릴까 해요. 아무리 기도해도 신은 그 아이를 돌려주지 않아요. 이제 기도하는 건 그만 둘래요. 어차피 여기서는 아무도 기도하지 않으니까요."

"……."

아버지는 목이 메이는 기분에 아무 말도 할 수가 없었다.
"여보—"
"……."
어두운 새벽, 방 안에 부인의 깊은 한숨이 어렸다.

평양은 여름이 되었다.
모란봉 공원에 아이들의 목소리가 울려 퍼졌다. 공원 벤치에는 젊은 어머니들이 뛰어다니는 아이들을 바라보고 있었다. 아장아장 걸어가던 아이가 조금 걷다가 금세 뒤돌아선다. 엄마의 품에 안길 때마다 어른들의 웃음소리가 터져 나왔다.
벤치 위쪽 아카시아가 우거진 곳에 막 독립하려는 북방쇠찌르레기 무리가 소란스럽게 울면서 부모에게 먹이를 조르고 있었다.
그 날 원홍구의 자택으로 과학원에서 보낸 야마시나조류연구소의 우편물이 도착했다.
"오, 일본에서 답신이 왔군. 오래 걸렸어."
원홍구는 미소를 지으며 안경을 걸쳤다. 속에 영어로 된 보고서가 들어 있었다.
"웬 영어지? 어라, 이건 남쪽의 보고서인데……."
내용을 살피던 아버지의 숨이 가빠지기 시작했다.
"여보, 여기 병오가 있어!"
영문을 가리키는 손이 덜덜 떨고 있었다. 그곳에는 병오와 똑같은 이름의 영문자가 쓰여 있었다. 북한에서 일본으로 문의한 사람은 역시나 아버지였던 것이다.

그날 저녁 식사 시간은 연로한 부모가 기쁨을 억누르지 못해 계속 들뜬 분위기였다. 그 북방쇠찌르레기에게 가락지를 채운 것은 서울의 '원병오'였다.

"병오가 맞는 거죠?"

"분명 그 아이야……. 새를 연구하고 있구나. 연구소에서 근무하는 거겠지?"

"동명이인일 수도 있는데 기뻐하긴 이르지 않을까요?"

손자들은 신중했다.

원병오의 한자는 '元炳旿'라고 쓴다. '炳(병)'과 '旿(오)'는 모두 밝다는 뜻이다. '병오'라는 이름은 많지만 이 한자를 쓰는 경우는 드물었다. 게다가 '원'이라는 성까지 사용한다면 틀림없었다.

"일본에 한 번 더 물어보는 것이……."

원홍구는 복잡한 머리를 식히며 이번에는 자신의 이름을 밝히며 편지를 썼다.

"바쁘신 와중에도 불구하고 다시 부탁을 드려 죄송합니다. 서울에서 북방쇠찌르레기에게 가락지를 단 원병오라는 사람의 한자 이름을 알려주시면 감사하겠습니다."

도쿄의 야마시나조류연구소는 매우 친절했다. 다시 한 번 서울의 농사원에 연락해 한자를 물었다.

짧았던 북한의 여름이 지나고 중국에서 압록강을 건너 상쾌한 바람이 불어왔다. 대륙의 가을은 구름 한 점 없이 청명했다. 하늘은 빨려 들어갈 것처럼 깊은 파란색이고 수수와 조가 자라는 밭 위를 작은 철새들이 날아다니며 안개처럼 큰 무리를 이루기도 했다. 북방쇠찌르레기 어미와 새끼도 지금은 남쪽으로 떠나 평양 모란봉 공원은 고요했다.

원홍구의 집 주변에는 안주의 성벽에서처럼 코스모스가 피어 있었다. 선명한 붉은색과 흰색, 옅은 분홍색의 코스모스는 아이를 키웠던 그 시절의 추억을 담고 있었다. 아이는 엄마를 부르며 꽃그늘에서 뛰어나와 응석을 부리곤 했다.

그 날, 원홍구가 과학원에서 돌아왔을 때 부인은 코스모스 옆에 서 있었다. 시골 풍경처럼 조용한 부인이 북받쳐 오르는 감정을 억누르는 것이 보였다.

"일본에서 편지가……!"

"아!"

방으로 급히 들어간 아버지는 책상 위에 놓인 야마시나조류연구소의 답장을 떨리는 손으로 펼치기 시작했다.

"여보!"

원홍구가 숨을 삼키며 돌아보았다.

어머니는 문간에 털썩 주저앉아 아버지를 올려다보았다. 그 눈에 무언가 넘실거리며 차올랐다.

"살아…… 있었어!"

아버지는 안경을 벗고 흐느꼈다. 나이든 어머니는 오열했다. 외침은 차마 소리가 되어 나오지 못했다.

"병오야, 제발 돌아오렴!"

전쟁 중에 헤어져 벌써 14년이란 세월이 흘렀건만 오직 작은 은빛 철새만이 아들의 생존 소식을 전해주었다.

병오가 어떻게 살아남았는지는 몰라도 건강하게 있다는 것은 알게 되었다. 게다가 새를 연구하는 학자가 된 것 같았다. 원홍구는 그 사실이 더할 나위 없는 기뻤다. 우리 민족을 위해 둘이서 힘을 합쳐 이 나라의 새를 연구해 보자. 어디에 어떤 새가 살고 있는지를 적어 나가보자. 남북으로 갈라져 있어도 함께라면 가능할 것 같았다.

원홍구는 더욱 분발하여 조류도감 정리에 힘썼다. 늦은 밤까지 불을 밝히고 책상 앞을 떠나지 않았다. 그해 12월에 두 번째 도감, 다음해인 1965년에는 세 번째 도감을 완성했다. 한반도의 조류도감으로써 세계적으로 주목 받는 책이었다.[60]

1965년, 북한의 노동신문은 원홍구와 그의 아들에 관한 극적인 이야기를 기사화 했다.

"부자를 이어준 북방쇠찌르레기.
편지를 매달았더라면, 전해줄 수 있었을 텐데……."

이 기사는 소련의 프라우다[61] 신문에 실려 전 세계적으로 뉴스가 되었다. 뉴욕타임즈, 일본의 신문, 마지막으로 한국의 신문에도 보도되어 사람들의 눈물샘을 자극했다. 원홍구·원병오 부자는 오백만 혹은 천만에 이르기도 한다는 이산가족 중에서 서로의 소식을 알게 된 첫 번째 가족이었다.

누구를 위한 아리랑인가

아버지가 건강하다는 사실을 신문에서 읽은 병오는 기쁨에 젖어 들었다.

자신의 이름을 한자로 물어보았다는 소식에 눈물을 멈출 수가 없었다. 부모님의 연세를 헤아리며 잠들지 못한 밤이 몇 해던가.

괴로움을 달래기 위해 그는 오로지 연구에만 몰두했다. 지리산에서 설악산, 그리고 여러 섬을 하나하나 조사해 가며 야생동물에 관한 중요한 논문을 계속해서 발표했다.

장학금을 받아가며 미국의 명문인 예일대학교에서 유학생활을 하고,[62] 심도 깊은 조류학 연구로 경희대학교에 마침내 조류연구소를 세우게 되었다. 이북 출신이라 의심하거나 따돌리는 사람들도 있었지만 병오는 그러한 슬픔을 견디며 야생동물을 지키기 위해 노력했다.

전쟁의 상처가 아물면서 한국에도 개발의 물결이 밀려오기 시작했다. 병오는 문화재보호위원이 되어 야생동물의 보호에 앞장섰다. 조류 중에서도 다음의 동물들을 우선 천연기념물로 지정했다.

크낙새, 따오기, 황새, 흑두루미, 느시, 저어새, 노랑부리저어새, 재두루미, 먹황새, 큰고니, 고니, 흑고니, 독수리, 참수리, 흰꼬리수리, 검독수리, 까막딱따구리, 흑비둘기, 팔색조.

최근에는 여기에 더해 모든 매류, 올빼미와 부엉이류, 개리, 흑기러기, 검은머리물떼새, 원앙도 추가되었다.

지역적으로는 크낙새가 서식하는 광릉과 물새의 월동지인 낙동강 하류 등 20여 곳을 지정하여 보호에 나섰다.

이러한 병오의 활동은 세계적으로 인정받아 국제자연보호연맹, 국제조류보호회의에서도 위원으로 추천을 받게 되었고 덕분에 국제적인 무대에서 활약할 수 있었다.

1981년이 저물어갈 무렵, 길고 길었던 야간 통행금지가 해제되었다. 1988년도 하계 올림픽 개최가 결정되면서 서울의 분위기는 밝아지기 시작했다. 이곳저곳에 빌딩이 올라가고 여성들의 옷차림도 한층 화려해졌다. 한국은 이제 활발한 수출 산업국가로 거듭났다.

그러나 아직도 휴전선을 중심으로 남북은 서로 총을 겨누고 있었다. 휴전이 된 지 30년이 지났지만 왕래가 가능한 것은 오로지 새들 뿐이었다.

서울 동북부의 야트막한 언덕 위에는 경희대학교가 자리를 잡고 있다. 병오는 매일 이곳으로 출근했다. 아버지 원홍구는 새의 분류와 생태를 중심으로 농업에 어떤 도움을 주는지를 연구하고 있었다. 뒤를 이은 병오는 거기에 자연보호를 대한 부분을 첨가했다. 이제는 '어떻게 하면 새를 보호할 수 있는가'가 조류학에서 빼놓을 수 없는 부분이었다. 또한 이 문제는 지구 환경, 나아가 인류를 지키는 일과도 직결되었다.

경희대학교 중앙의 5층 건물에 자연과학관[63]이 자리하고 있다. 이곳에는 대한민국의 조류를 시작으로 각종 동식물의 표본이 층마다 전시되어 있고, 자연의 구조와 자연보호에 대해 가르치고 있다. 자연과학관은 병오의 노력으로 인해 완성된 곳으로, 지금은 서울의 명소가 되어 많은 시민과 관광객들이 오가는 곳이다.

수학여행으로 학생들이 견학을 올 때면 병오는 직접 안내를 해주며 질문에 답해주곤 했다. 조류학자인 병오는 텔레비전에 나와 야생조류와 자연보호의 소중함에 대해 늘 이야기해 주었기에 아이들에게도 많이 알려져 있었다.

병오는 아이들을 매우 좋아했다. 작은 아이들을 안아 올려 높은 곳에 있는 새를 보여주기도 했다. 이 무렵 체중이 조금 불어나 바지가 늘어지기 시작했다. 몸짓이나 손동작이 재미있어서 아이들이 그 모습을 보며 즐거워했다.

조류학자 병오는 현재 물새의 낙원인 낙동강 때문에 골머리를 앓고 있었다. 강물을 공업용수로 사용하기 위해 댐을 건설하려는 계획이 진행되고 있기 때문이었다. 상류에 공장이 늘어나 물이 더러워지자 3000마리에 이르던 혹부리오리가 1000마리 이하로 줄어들었다. 병오는 신문과 방송을 통해 댐 건설에 반대하는 목소리를 높였다.

잠시 숨을 돌릴 때, 문득 떠오르는 생각이 있었다. 바로 혜경의 남편인 홍승철의 행방이었다. 전쟁에 휘말려 목숨을 잃었다고 들었는데, 그 까닭에 혜경이 어디에 잠들어 있는지도 알아내지 못한 것이다.

돌아가는 날까지 힘내자던 세 살 위의 형, 병일은 자살했다. 남쪽으로 넘어온 지 13년째 되던 서른여섯의 나이였다. 북에 계신 부모님과 부인에게 유서도 남기지 않았다. 병일의 절망이 얼마나 깊었는지 절절하게 전해져 왔다.

혜경과 병일이 남쪽에서 먼저 세상을 뜬 것도 모른 채 아버지 원홍구는 1970년 10월 3일, 향년 83세를 일기로 세상을 떠났다.

과학원에서 치른 장례식이 소련의 신문에 실리면서 일본의 어느 조류학자가 기사를 읽게 되었다. 그는 원홍구의 막내아들이 한국에 있는 것을 기억해내고는 국제전보를 띄웠다.

서울에서 전보를 받은 병오는 헐레벌떡 형의 집으로 달려갔다. 병휘는 아파트 입구에서 전보를 읽으며, 울고 있는 동생의 어깨를 안아주었다.

병휘가 방 한쪽 구석에 있던 상을 꺼내 과일 몇 개를 올려놓았다. 상에는 꺼내 놓을 아버지 사진 한 장조차 없었다. 두 사람은 북쪽을 향해 무릎을 꿇고 가슴에 십자가를 그으며 머리를 숙였다.

"홀로 되신 어머니는 어찌 계실지……."

중얼거리며 병휘도 눈물에 잠겼다.

원자폭탄이 떨어진다는 위협에 남쪽으로 피난하여 돌아가지 못하게 된 많은 사람들, 돌아오지 않는 자식들을 기다리는 부모들, 이 많은 사람들의 소원이 이루어지지 못하는 이유는 무엇일까.

이제 일흔여덟이 되신 어머니는 영원히 잠든 아버지의 머리맡에서 찬송가를 부르셨겠지. 문득 병오의 가슴에 어린 시절 들었던 어머니의 아리랑이 떠올랐다.

아리랑, 아리랑, 아라리요, 아리랑 고개로 넘어간다.

이 오래된 노래는 부모자식과 형제가 뿔뿔이 흩어진 운명에 대해 한탄하는 것일지도 모른다. 아아, 우리 집안이야말로 아리랑의 가사 그대로가 아닌가? 하지만 언제까지 이렇게 계속 헤어져 있지는 않을 것이다. 적어도 어머니께서 건강하게 살아계실 때 만나러 가고 싶었다. 꼭 가야 한다고 형제는 생각했다. 그렇게 안타까운 시간만이 흘러갔다.

작가 후기

1982년 여름, 소련 모스크바에서 열린 국제조류학회에는 원병오도 참가할 수 있었다. 그 동안 금지했던 공산국가와의 왕래를 한국 정부가 겨우 완화한 덕분이었다.

약 천 명의 참가자 중, 칠백 명이 소련과 동유럽의 학자였고 삼백 명은 미국과 유럽의 학자들이었다. 아시아에서 온 사람은 많지 않았다. 인도와 베트남에서 몇 명, 일본에서 여섯 명, 한국에서는 네 명이 참가했다.

원병오는 총회에서 '크낙새의 생태와 보호'에 관한 16mm 영화를 상영했다. 크낙새는 일본 대마도에서 멸종한 대형 딱따구리로 한국에서 몇 마리만이 번식하고 있다. 생태에 대해서는 지금까지 알려진 바가 없었다. 암컷보다 수컷이 오래 알을 품고, 먹이를 나르는 등 새로운 발견에 학자들은 감동했다.

"정말 굉장하네요."

러시아어로 된 칭찬과 박수를 받고 원병오는 매우 기뻐했다. 조류학의 세계에는 남쪽도 북쪽도 없었다.

분과회에서 그가 키운 젊은 연구자들이 한국의 '재두루미의 월동 생태', '고니류의 도래 실태'에 대해 보고했다. 질문을 받으면서 그는 북한측 대표가 그 자리에 없는 것이 안타까웠다. 시베리아에서 남한으로 건너오는 경로인 북한이 공백이었기 때문이다.

발표를 끝내고 한숨 돌리는 사이 중년의 학자가 말을 걸어왔다. 자신을 블라디보스토크에 있는 생물지리학연구소의 시바에프Yuriy V. Shibaev라고 소개한 사람은 작은 몸집에 동양적인 느낌을 지니고 있었다. 그가 수줍은 미소를 띠우며 한 장의 스케치를 보여주었다.

슬쩍 그림을 들여다 본 원병오는 몹시 놀랐다. 어릴 때부터 꿈꿔왔던 원앙사촌이 그려져 있었다. 시바에프는 1964년에 블라디보스토크 인근 해안의 작은 섬에서 원앙사촌 세 마리가 쉬고 있었다고 했다. 수컷 두 마리, 암컷 한 마리였다. 스케치를 한 사람은 젊은 학자인 라브쥐크W. I. Labzyuk였다.

원병오는 시바에프의 손을 굳게 잡고 이야기를 나눴다.

"한 번 더 찾아봅시다."

"양쪽 정부에 보호를 요청하는 겁니다."

원앙사촌이 멸종하지 않고 동북아시아의 어딘가에 살아있었던 것이다. 그렇게 되면 겨울에 한국과 일본으로 건너올 가능성도 있었다. 원병오는 기쁨을 감출 수 없었다. 멀리 모스크바까지 온 보람을 느꼈다.

나는 모스크바에서 돌아가다 도쿄에 들른 원병오를 호텔에서 만날 수 있었다. 국제조류학회의 이야기를 듣고 나서 그의 가족 이야기를 쓰게 해달라고 부탁했다. 지금까지 그는 계속 거절해 왔다.

그해 여름 일본 고등학교의 일본사 교과서 문제 때문에 중국과 한국을 시작으로 아시아 국가들의 격렬한 항의가 이어지고 있었다. 침략 전쟁과 식민지 지배의 역사를 유야무야하려는 세력이 커지면서 일본의 교과서 검정을 왜곡하려는 것처럼 보였다.

또다시, 그들이 일제 강점기 때처럼 아시아의 사람들을 괴롭히는 것은 아닐까하고 많은 사람들이 걱정했다.

뉴스에서는 한국의 분노를 전해 주었다.

"진실을 가르쳐라!"

일본대사관에 모여든 사람들이 입을 모아 소리쳤다. 원병오도 이 작품의 의의를 알고 허락해준 거라 생각한다.

『아리랑의 파랑새』― 마침내 펜을 들 수가 있었다. 나는 둘로 나뉜 한반도 사람들의 고통을 세계인에게 알리고 싶었다. 그리하여 모두가 이 비극을 해결하기 위해 무엇을 해야 할지 생각해 보았으면 한다.

길고 힘든 취재였다. 제국주의자들이 저지른 일이라고는 하지만, 우리 아버지나 할아버지들의 행적을 하나하나 되짚어가지 않으면 안 되는 일이었다.

안주공립농업학교 출신의 다섯 분께서 서울을 방문해 주셨다. 모두 예순을 넘는 나이에 일본어가 능숙했다. 이 분들은 놀랍게도 당시의 일본인 교사를 서울로 초대해 사은회를 열고 있었다. 군국 교육이긴 했지만 사람으로서 스승에게 소중한 것을 배웠다고 얘기했다.

일본에 대한 한국의 감정은 좋지 않다고 들어왔다. 그러나 한국 각지를 방문하면서 만난 대부분의 사람들은 친절하고 따뜻했다. 일본인에게 증오심을 드러내는 사람은 없었다.

원병오 박사 역시 여태까지 단 한 번도 일본에 대한 원망을 입에 담지 않았다. 자신이 일본인인 것을 때때로 부끄러워하는 나를 오히려 격려해 주었다. 그와 그의 형을 비롯해 마음을 다해 도와주신 안주 출신 분들께 진심으로 감사드린다.

— 끝 —

2013년, 한국전쟁이 휴전된 지 60여 년의 세월이 흘렀지만 남북한의 분단 상태는 여전하고 당장이라도 전쟁이 일어날 것만 같은 기운이 가득하다. 이산가족의 재회는 극히 일부만이 가능한 상태다. 어째서 이곳에 평화가 찾아오지 않는 것일까? 그래서 1984년 고단샤講談社 초판에서는 부족했던 김일성의 정보 등을 추가해 책을 다시 출판하기로 결정했다. 지원해 주신 히노데日之出 인쇄소의 사와지마 타케노리沢島武徳 사장님께 감사의 말씀을 전한다.

엔도 키미오

편집자 후기

한국 현대사의 축소판, 원홍구·원병오 부자 이야기

이 책은 일제강점기 때 우리나라 생물에 관한 연구를 일본인들이 주도하는 가운데서 독자적으로 조류를 연구하고 우리말로 된 조류 명칭을 정리하는 등 우리나라 1세대 조류 연구자로 평가되는 원홍구 선생과 그 아들인 경희대학교 명예교수인 원병오 선생의 가족 이야기입니다.

두 분은 한국전쟁 때 헤어져 생사조차 모르다가 아버지의 뒤를 이어 조류학자가 된 원병오 선생이 1963년 서울에서 날려 보낸 작은 새 한 마리가 이듬해에 원홍구 선생이 살던 평양에서 발견되면서 서로의 소식을 알게 됩니다. 이 드라마 같은 이야기는 세계가 자유주의와 공산주의 진영으로 갈라져 대립하던 당시에 주요 외신을 통해 알려지면서 세계의 많은 사람들이 감동했습니다.

원홍구 선생은 1888년 4월 8일 평안북도 삭주에서 태어나 1910년 수원농림학교를 졸업하고 1911년 제1차 일본관비유학생 시험에 합격해 일본 가고시마고등농림학교에서 3년간 유학했습니다. 1915년 졸업과 함께 귀국하여 농업시험장에서 잠시 근무하다 1920

년 개성의 송도고등보통학교에 박물학(생물학) 교사로 부임하면서 본격적으로 생물 연구자이자 교육자로서 길을 걷기 시작합니다.

처음에는 식물학에 관심을 두었지만 당시 송도고보의 교장이던 미국인 선교사 스나이더(Lloyd H. Snyder 1886~?)의 권유로 조류로 관심을 돌렸고 1931년 평남 안주공립농업학교로 옮긴 뒤부터는 조류 연구에 매진했습니다. 송도고보를 비롯해 교직에 머무는 동안 가르친 많은 제자들이 훗날 남한과 북한의 정계와 학계에서 크게 활약했습니다. 나비연구가로 유명한 석주명(石宙明, 1908~1950) 선생도 송도고보 재학 시절에 가르친 제자였죠.

원홍구 선생은 분단 후 김일성종합대에서 생물학을 가르쳤고, 과학원생물학연구소 소장을 지내며 북한의 생물학 특히 조류, 포유류, 양서류 등 척추동물 연구에 큰 업적을 남겼습니다. 원로 학자로서 김일성의 각별한 총애를 받았던 원홍구 선생은 1970년 10월 3일 작고하여 북한의 국립묘지에 해당하는 애국열사릉에 묻혔습니다.

제자들뿐만 아니라 원홍구 선생의 자식들도 생물학자와 의사가 되었는데, 장남인 원병휘 박사는 포유류 전문가로 동국대학교 생물학과 교수를 지냈고, 이 책의 주인공인 막내 원병오 박사는 경희대학교 생물학과 교수로 있으면서 남한에서 조류 연구를 사실상 주도했습니다. 하지만 의사였던 원병오 선생의 두 형은 광복과 한국전쟁으로 이어지는 혼란기에 불행히도 일찍 세상을 떠나고 말았습니다.

말년의 원홍구 선생

이 책은 1930년대부터 1960년대까지 원홍구 선생 가족 이야기를 담고 있습니다. 그러나 단순한 가족사가 아니라 그야말로 한국 현대사를 압축하고 있다고 할 수 있습니다. 원홍구·원병오 선생의 이야기는 이미 널리 알려져 있지만, 책으로 묶인 것은 1984년에 일본에서 출간된 이 책이 처음일 겁니다. 군사독재 시절에 북한과 관련된 내용의 책을 우리나라에서 출간하기는 쉽지 않았을 테니까요.

이 책을 쓴 일본의 아마추어 생물연구가이자 논픽션 작가인 엔도 키미오 선생은 우리나라에 대한 애정이 남다른 분입니다. 우리가 관심 갖지 못한 우리나라의 호랑이와 표범이 어떻게 사라지게 되었는지를 추적하여 『한국 호랑이는 왜 사라졌는가?』와 『한국의 마지막 표범』이라는 책을 내기도 했습니다. 1960년 도쿄에서 열린 국제조류보호회의에 참석하려고 일본을 방문한 원병오 선생을 만났을 때 원홍구·원병오 두 분의 가족사에 관심을 갖게 되었고 나중에 이 책을 쓰는 계기가 되었다고 합니다.

남북문제를 소재로 한 책을 우리가 직접 쓰기는 쉽지 않습니다. 우리 모두가 남북문제의 당사자이기에 객관적으로 바라보기가 쉽지 않기 때문이죠. 그래서 이 책의 저자가 보여주는 시선이 더 객관적으로 다가옵니다. 우리와 무관하지 않으면서 남북의 정치 상황에 얽매이지 않는 입장이라서 그렇겠지요. 일제 침탈의 역사를 반성하고 한반도의 평화를 진심으로 바라는 작가의 마음도 읽을 수 있습니다.

경희대학교 재임 시절의 원병오 교수

이 책의 한국어판이 나오기까지 여러 분들이 도와주셨습니다. 원병오 선생님의 제자로 번역본을 감수해주신 경희대학교 명예교수 구태회 선생님, 국내에서 출간될 수 있도록 힘을 써주신 서울대학교 수의과대학 이항 교수님과 (사)한국범보전기금의 한정희, 현지연 선생님, 사진 도움을 주신 한국야생조류협회 이용상 선생님께 감사합니다. 끝으로 파킨스씨병을 앓고 계시면서도 흔쾌히 책과 관련한 인터뷰에 응해주신 원병오 선생님께 감사하며 쾌유를 기원합니다.

2017년 7월
이주희

편집자 주

1 일본의 하천은 대부분 폭이 좁고 경사가 급하며 길이가 짧아서 낙동강이나 한강처럼 하구역이 넓은 강이 없다.

2 아리아케 해(有明海) : 일본 규슈 북서부의 후쿠오카, 사가, 나가사키, 구마모토 등 4개 현에 걸쳐 있는 갯벌로 유명한 규슈 최대의 만이다.

3 원앙사촌(*Tadorna cristata*) : 몸길이 63cm 정도의 대형 오리과 물새로, 원앙과 생김새가 비슷해 원앙사촌이라 불린다. 러시아 동부와 한반도에 서식했던 것으로 알려져 있다. 하지만 19세기 후반에 학계에 처음 알려졌을 무렵에 이미 심각한 멸종 위기였다. 1964년 러시아 블라디보스토크에서 마지막으로 관찰된 뒤로 더 이상 발견되지 않아 멸종한 것으로 보인다.

4 구로다 나가미치(黑田長礼, 1889~1978) : 일본 조류학의 아버지로 불리는 동물학자. 1917년 원앙사촌이 신종임을 처음 밝혔다.

5 천연기념물 제179호 낙동강 하류 철새 도래지(1966년 7월 23일 지정)

6 1963~1986년 사이에 통용된 일본 1000엔짜리 지폐

7 1910년 8월 22일 조인된 한일병합조약(韓日倂合條約) 제1조

8 농사원(農事院) : 현 농촌진흥청의 전신으로 1947년 농사개량원, 1949년 농업기술원, 1957년 농사원을 거쳐 1962년 독립된 청(廳)으로 승격되어 오늘에 이르고 있다.

9 중앙임업시험장(中央林業試驗場) : 1922년 일제가 설치한 조선임업시험장을 모체로 하는 임업 연구 기관이다. 1949년 중앙임업시험장, 1962년 임업시험장, 1987년 임원연구원을 거쳐 2004년부터 국립산림과학원으로 이름을 바꾸었다.

10 이리오모테삵(西表山猫, *Prionailurus bengalensis iriomotensis*) : 일본 오키나와 현(沖繩県) 남단의 야에야마 제도(八重山諸島)의 가장 큰 섬인 이리오모테 섬((西表島)에 사는 삵의 한 종류다. 1965년 처음 발견되었고, 동물학자 이와이즈미 요시노리(今泉吉典, 1914~2007)가 1967년 신종으로 발표하면서 학계에 알려졌다. 현재 심각한 멸종 위기 상태로 일본에서 천연기념물로 지정되어 있다.

11 원문에는 원병오가 1930년에 태어난 것으로 되어 있으나 실제 생년월일은 1929년 5월 19일이다. 또한 원병오는 아래로 여동생을 두어 4남 2녀 중에서 다섯 번째였으나 동생이 생후 얼마 지나지 않아서 죽는 바람에 실질적인 막내였다. 그래서 호적상으로는 6남매지만 실제로는 5남매다.

12 백상루(百祥樓) : 안주성 서북쪽 청천강 기슭에 있는 누각이다. 고려시대에 처음 세워졌고 한국전쟁 때 폭격으로 소실되었다가 1977년에 복원되었다. 관서팔경의 하나이며 북한 국보 문화유물 제31호다.

13 칠불사(七佛寺) : 살수대첩(612년) 때 공을 세운 7명의 승려를 위해 7세기 무렵 세워진 절로 안주성 북쪽 칠불산에 있다.

14 칠성지(七星池) : 안주성 안에 있는 둘레 550m의 인공 연못. 안주성 축성 당시 만들어진 것으로 알려져 있다.

15 충민사(忠愍祠) : 정묘호란 때 순절한 평안병사 남이흥(南以興)과 수하 장수들을 기리기 위해 1681년(숙종 7) 건립된 사당이다.

16 광주학생항일운동(光州學生抗日運動) : 1929년 11월 전남 광주에서 한일 학생들 사이의 다툼으로 시작된 항일 운동으로 전국으로 확산되어 이듬해 3월까지 이어졌다. 3·1운동 이후에 벌어진 최대의 항일 운동이다.

17 펑톈(奉天) : 중국 랴오닝 성(遼寧省)의 중심 도시인 선양(瀋陽)의 옛 이름. 1932년 일본이 괴뢰 국가인 만주국을 세우면서 펑톈(奉天)으로 이름이 바뀌었다가 1950년에 다시 선양으로 변경되었다.

18 관동군(關東軍) : 일제 강점기에 중국을 침략하기 위해 만주 지역에 주둔했던 일본 육군 부대를 통틀어 이르는 말이다. 1905년 러일 전쟁에서 승리한 일본이 빼앗은 랴오둥 반도 남쪽의 관둥저우(關東州)를 근거지로 삼았기 때문에 관동군이라 부른다.

19 만주사변(滿州事變) : 1931년 9월 18일 만주의 일본 관동군은 펑톈(奉天) 외곽의 류탸오후(柳條湖)에서 자신들이 관할하던 철도를 폭파하고 이를 중국 측의 소행으로 뒤집어 씌워 만주 전역을 무력으로 기습적으로 점령한 사건을 말한다. 이듬해 3월 1일에 일본은 청(淸)의 마지막 황제 푸이(溥儀, 1906~1967)를 황제로 옹립하고 만주국(滿州國)이라는 괴뢰 정부를 수립한 뒤 만주를 실질적으로 지배하기 시작했다. 이 사건은 이후 중일전쟁(1937~1945)의 발단이 되었다.

20 동·식물, 광물, 지질 등 다양한 자연물의 이름과 특성을 가르치는 과목이다. 20세기 초반까지 생물학, 광물학, 지질학 등은 독립적인 과학으로 취급되지 않았고 통틀어 박물학(博物學, natural history)이라고 불렀다.

21 1932년 5월에 발행된 일본조류학회지 『토리(鳥)』 제7권 제33, 34호 278~280쪽에 실렸다. 논문의 원제목은 「朝鮮において初めて捕獲したるコキンメフクロウについて」이다.

22 관동대지진(關東大地震) : 1923년 9월 1일 일본 간토(關東) 지역에서 발생한 대지진으로 사망자가 10만 명이 넘는다. 지진 직후 흉흉한 민심을 돌리기 위해 일본 정부는 조선인과 사회주의자들이 혼란을 틈타 폭동을 일으키려 한다는 소문을 퍼뜨렸고, 격분한 일본인들이 무고한 조선인들을 닥치는 대로 학살하면서 수천 명이 희생되었다.

23 메이지 신궁(明治神宮) : 일본 근대화의 상징인 메이지 천왕 부부의 영혼을 모시기 위해 1920년에 일본 도쿄 시부야 구(渋谷區)에 세워진 신사다.

24 야스쿠니 신사(靖國神社) : 일본 도쿄 중심인 지요다 구(千代田區)에 있는 일본에서 가장 큰 신사다. 야스쿠니는 나라를 편안하게 한다는 뜻으로 메이지 유신(明治維新) 때 천왕 편에 서서 막부군과 싸우다 전사한 사람들의 영혼을 모시기 위해 1869년 건립되었다. 제2차 세계대전 무렵부터 일본군 전사자를 모시기 시작했으나 일본 군국주의의 상징인 A급 전범들의 위패도 함께 봉안되면서 지금까지도 국제 사회의 비난을 받고 있다.

25 원홍구가 발표한 논문 「조선산조류목록(朝鮮鳥類目錄)」는 1934년 일본 가고시마고등농림학교에서 창립 25주년을 기념해 발간한 논문집(『記念論文集 : 鹿児島高等農林学校 開校卄五周年 前編』) 77~118쪽에 실려 있다. 하지만 원홍구는 이보다 앞선 1932년에 수원고등농림학교에서 창립 25주년을 기념해 발간한 논문집(『記念論文集: 創立二十五周年』) 27~48쪽에 「내가 수집한 조선산 조류목록(余の蒐集したる朝鮮産鳥類目錄)」이라는 논문을 이미 발표했다. 후자에는 우리나라에서 발견되는 조류의 일본 이름과 함께 한글로 된 명칭이 병기되어 있어 이후 남북한에서 사용되는 조류 명칭의 기준이 되었다.

26 일장기말소사건(日章旗抹消事件) : 1936년 8월 『동아일보』와 『조선중앙일보』가 베를린 올림픽 마라톤 경기에서 우승한 손기정 선수의 사진을 신문에 실으면서 고의로 손 선수의 가슴에 새겨진 일장기를 지워버린 사건이다. 이 일로 『동아일보』는 무기한 정간을 당했으나 9개월 뒤에 복간했고, 『조선중앙일보』는 폐간했다. 또 관련자들은 사임하거나 구속되어 구류 처분을 받았다.

27 보천보 전투(普天堡戰鬪) : 1937년 6월 4일 조선인민혁명군(동북항일연군) 중에서 김일성이 이끄는 일부 병력이 함경남도 갑산군 혜산진 보천보 일대를 공격한 사건. 북한에서는 김일성의 항일무장투쟁 중 가장 큰 성과라고 선전하고 있다. 하지만 김일성과 이름이 같은 사람이 주도한 전투라는 설이 있고, 보천보가 순사가 5명밖에 없는 작은 마을이라 전투성과가 터무니없이 과장되었다는 주장이 제기되고 있다.

28 루거우차오 사건(蘆溝橋事件, 노구교 사건) : 베이징 교외의 작은 도시인 루거우차오 근처 펑타이(豊台)에 주둔하던 일본군이 야간 훈련 중에 몇 발의 총성이 들린 것을 빌미로 루거우차오에 주둔하던 중국군을 공격한 사건. 이를 계기로 중일전쟁이 시작되었다.

29 황국신민서사(皇國臣民誓詞)는 1938년 개정된 제3차 조선교육령(朝鮮教育令)에 따라 일제가 조선인의 황국신민화를 강화하기 위해 암송·제창하게 한 맹서이다. 1937년 10월에 제정되어 아동·중등학생과 일반인을 대상으로 한 두 종류가 있다.

30 양진이(Carpodacus roseus)는 밀화부리(Eophona migratoria)와 같은 되새과에 딸린 작은 산새로 몸길이 15cm 정도이며 우리나라에서는 겨울철새로 드물게 볼 수 있다. 수컷은 몸이 진홍색이라서 화려하다.

31 내선일체(內鮮一體) : 내(內)는 일본 본토, 선(鮮)은 조선을 가리켜 일본과 조선이 한 몸

이라는 뜻이다. 일제 강점기 때 일본이 조선인의 정신을 말살하고 전쟁에 필요한 물자와 인력을 착취하기 위해 만든 구호다.

32 1931년 시작된 중일전쟁이 장기화되고 태평양전쟁(1941~1945)으로 확대되면서 일본은 전쟁에 필요한 물자와 인력을 공급하기 국가총동원법(1938. 4)을 공포하고 강제적이고 조직적으로 조선인들을 징발해 강제 노역에 동원했다. 이 기간 동안에 동원된 조선인 수는 112만여 명에 이르고, 수많은 사람들이 열악한 노동 환경 속에서 목숨을 잃었다.

33 불령선인(不逞鮮人) : 불온한 조선 사람이라는 뜻으로 일제가 자신들의 정책을 따르지 않는 조선인들을 일컫던 말이다.

34 토지조사사업(土地調査事業) : 일제에게 국권을 빼앗긴 경술국치 직후인 1910~1918년에 일제가 식민 지배를 공고화하기 위해 시행한 대규모 국토조사사업으로 조선인들의 토지를 수탈하는 수단으로 악용되었다.

35 사이고 다카모리(西鄕隆盛, 1828~1877) : 일본 가고시마 출신의 하급 무사로 에도 막부를 타도하고 천왕 중심의 왕정을 복고시킨 메이지 유신(明治維新)을 이끈 핵심 인물이다. 메이지 정부에서 정부군의 총사령관 등 고위직에 올랐으나 조선을 침공해야 한다는 정한론(征韓論)을 주장하다 받아들여지지 않자 귀향했다. 이후 사립학교를 세워 인재를 양성하는 데 힘썼으나 그를 따르는 세력이 과도하게 늘어나자 이에 불안감을 느낀 중앙 정부와 대립하게 되었다. 결국 1877년 세이난(西南) 전쟁을 일으켰으나 패해서 자결했다.

36 창씨개명(創氏改名) : 일제 강점기 말기에 일제가 펼친 민족말살정책 중에 하나로 우리나라 사람들의 성을 일본식으로 고치도록 강요한 일을 말한다. 이를 거부하는 사람은 갖은 핍박과 사회적 차별에 시달렸고 결국 이 정책이 시행된 1940년 2월부터 1945년 8월 광복 직전까지 성씨를 고친 조선인 가구는 80%에 이르렀다.

37 영생고등여학교(永生高等女學校) : 캐나다 선교사 마구레(馬九禮, Duncan M. McRae, 1868~1949)의 부인인 이디쓰 맥레(Edith F. McRae, 1875~1956)가 1903년 함흥 신창리에 설립한 사립 여학교로 관북 지역 최초의 여성 중등교육기관이다. 1940년대 일제에 의해 공립학교로 전환되었다가 광복 후 명맥이 끊겼고, 1990년 경기도 수원시 율전동에 영생고등학교로 재개교했다.

38 쓰핑 성(四平省) : 일제가 세운 괴뢰 정부인 만주국(1932~945)의 행정구역 중에 하나다. 현 중국 지린 성(吉林省) 쓰핑 시(四平市)에 해당한다.

39 최창학(崔昌學) : 일제 강점기 때 금광 개발로 거부가 된 기업인으로 친일 단체에 가담하고 태평양전쟁을 지원한 친일파다.

40 대동아공영권(大東亞共榮圈) : 태평양전쟁 당시 일제가 아시아 대륙에 대한 침략을 합리화하기 위해 내건 정치 구호다. 일본을 중심으로 동아시아의 여러 민족들이 하나의 공동체를 이루어 번영하자는 뜻이다.

41 13세기 여몽연합군이 시도한 두 번의 일본 정벌이 모두 태풍 때문에 무산되면서 일본인들은 나라를 구한 이 태풍을 '가미카제(神風)'라 불렀다. 여기서 유래해 태평양전쟁 당시 자살 폭탄 공격 임무를 맡은 일본군 특공대의 이름으로 사용되었다.

42 야마토(大和)는 일본 최초의 통일 정권으로 일본민족이 추구하는 융합(和) 정신을 뜻한다.

43 1945년 8월 6일 히로시마에 떨어진 원자폭탄을 말한다.

44 일본 조류학의 선구자인 구로다 나가미치(黑田長禮)가 지은 총 3권으로 된 『조류원색대도설(鳥類原色大図説)』(1933~1934)을 말한다.

45 다모이(Домой) : 집으로, 고향으로라는 뜻의 러시아어로 1948년경 구(舊) 소련에 억류되었던 일본인들이 표어로 쓰던 말

46 소련의 전폭적인 지원을 받은 김일성이 이날 처음으로 대중들에게 모습을 보이고 북한 정권을 수립하기 위한 정치 활동을 본격적으로 시작했다.

47 가짜 김일성(金日成) 설 : 본명이 김성주(金成柱)인 김일성은 항일 무장 투쟁으로 당시 유명했던 실제 김일성과는 상관이 없는 마적단 두목으로, 소련이 자기 입맛에 맞는 사회주의 정부를 세우기 위해 정치공작을 펼쳐 탄생시킨 인물이라는 주장이다. 현재까지도 상반된 자료와 관련 증언들이 많아 논란이 되고 있다.

48 정준택(鄭準澤, 1911~1973) : 북한의 초대 국가계획위원장과 내각 부수상 등을 역임한 정치가다.

49 화홍문(華虹門) : 조선 정조 때 만들어진 수원 화성의 북쪽 수문

50 보안대(保安隊) : 광복 후 북한 지역을 점령한 소련군이 치안을 위해 1945년 10월 12일 창설한 경찰 성격의 군사 조직이다.

51 네이팜탄(Napalm bomb) : 엄청난 고열로 투하 지점 일대를 불태워버리는 폭탄

52 원병오는 1950년 12월 20일 피란 중에 서울에서 국군에 입대하여 3개월 정도 사병으로 복무하다 1951년 4월 1일 간부후보생으로 발탁되어 훈련을 거친 뒤 포병 장교로 임관했다. 3군단 포병사령부에서 사령관이던 박정희 대령을 보좌하면서 그와 인연을 맺었고, 1956년 1월 대위로 전역했다.

53 한국전쟁의 정확한 피해 규모는 가늠하기 어려워 기관이나 연구자들마다 큰 차이를 보인다.

54 야간 통행금지 : 해방 직후 남한 지역을 관할하게 된 미군정청의 하지(Hodge) 사령관은 치안을 목적으로 1945년 9월 8일부터 서울과 인천 지역에 오후 8시부터 새벽 5시까지 시민들의 야간 통행을 금지하는 내용의 포고문을 발표했다. 야간 통행금지는 9월 29일부터 전국으로 확대되었고 통행금지 시간은 자정부터 새벽 4시까지로 변경되었고 37년 간

유지되다 1982년 1월에 폐지되었다. 통행금지 시간은 시기에 따라 다소 변경되었지만 대체로 자정부터 새벽 4시까지였다.

55 평화선(平和線) : 1952년 1월 18일 이승만 대통령이 한반도 연안에서 60마일까지의 수역에 대해 우리나라에 주권이 있음을 선언하면서 설정된 해안선이다. '이승만 라인' 또는 '이 라인(Lee Line)'이라고도 하며, 해당 수역에 포함된 해양 자원을 보호하기 위해 설정되었으나 일본의 반발이 심했다. 1965년 한일어업협정이 체결되면서 평화선은 유명무실해졌다.

56 패전 후 일본은 1950년 초까지 경제 상황이 매우 나빴으나, 한국전쟁이 발발하면서 상황은 급변했다. 미국 정부가 한국전에 참전하는 미군에 필요한 군수품을 지리적으로 가까운 일본에서 생산해 조달하면서 경제 회복의 밑거름이 되었다.

57 원병오는 일본 교토대학교의 저명한 동물학자 도쿠다 미토시(德田御稔, 1906~1975) 교수의 도움으로 홋카이도대학교에서 농학박사 학위를 받았다. 하지만 일본에 체류하며 온전한 유학 생활을 한 것은 아니다. 원병오는 1957년 경희대학교를 졸업하고 박사 학위 연구를 한국에서 독자적으로 진행한 뒤, 1960년 논문을 작성해 홋카이도대학교에 제출했고 심사를 거쳐 그해 12월에 박사 학위를 수여받았다. 박사 학위 논문 제목은 「산림 보호상으로 본 한국의 조수류상(鳥獸類相)에 관한 연구」이며, 논문을 실질적으로 지도한 사람은 도쿠다 교수였다.

58 북방쇠찌르레기(*Sturnus sturninus*)는 몸길이가 18cm 정도인 찌르레기과의 중소형 여름 철새로 우리나라 중북부를 포함해 중국 동북부, 몽골, 아무르 지역에서 번식하고 중국 남부와 동남아시아에서 겨울을 난다.

59 개성남대문(開城南大門) : 경기도 개성시 북안동에 있는 조선 태조 때 만들어진 성문으로 북한의 국가지정문화재 국보급 제124호로 지정되어 있다.

60 원홍구는 『조선조류지』(1963~1965, 전3권), 『조선조류의 분포와 그 경제적 의의』(1956), 『조선조류원색도설』(1958, 1964, 전2권) 외에도 『조선포유류도설』(1955), 『조선짐승류지』(1968), 『조선량서파충류지』(1971) 등 척추동물(조류, 포유류, 양서파충류)과 관련한 책을 다수 저술했다. 원홍구의 저술은 남한에서도 동물학 분야의 기초 자료로 중요하게 활용되고 있다.

61 러시아어로 진리(Правда)라는 뜻의 신문이다. 제정 러시아 말기인 1912년 창간했고 1991년 소비에트 연방이 붕괴할 때까지 공산당 정부의 공식 기관지였다.

62 원병오는 1962년 7월부터 1963년까지 당시 예일대학교 피바디 자연사박물관의 관장으로 있던 저명한 조류학자인 리플레이(Sidney Dillon Ripley II, 1913~2001) 박사의 도움으로 그곳에서 박사 후 과정을 밟았다.

63 공식 명칭은 경희대학교 자연사박물관이며 1978년 6월에 개관했다.